Nosotros los malditos

Pau Malvido

Nosotros los malditos

Textos de Aïda Camprubí Hinojosa, Jorge Herralde, Pere Maragall Mira y Genís Cano Soler

EDITORIAL ANAGRAMA
BARCELONA

La editorial quiere agradecer su colaboración a todas las personas que han posibilitado la reedición de este libro tal como se presenta. Especialmente, a Pere Maragall y al resto de la familia Maragall, Isabel Chavarria, David Castillo, Maria Rosa Puig Cruells, Mar Seras Selva, el Arxiu Gol, la compañía La Moukhles & Sentís, Canti Casanovas, Maria Casassas, Jordi Turtós, la prologuista Aïda Camprubí Hinojosa y todos los entrevistados que aparecen en su texto.

Primera edición en «Contraseñas»: noviembre 2004
Primera edición en «Crónicas»: abril 2025

Diseño de la colección: lookatcia.com

ISBN: 978-84-339-2930-3
Depósito legal: B. 3275-2025

Printed in Spain

Especialidades Gráficas Editoriales, S. A.
Carrer de Roís de Corella, 12, 08205 Sabadell (Barcelona)

NI CAÍDOS, NI MALDITOS, NI OVILLOS ENTEROS QUE SE PIERDEN EN LA NADA

Dedicado a Karles Torra, Donat Putx y Jaume Camprubí, mis chamanes iniciadores en la contracultura: agua, fuego y tierra

Sentenciar que una generación está perdida es una pérdida de tiempo. Es plantarse en un callejón sin salida. Podría argumentarse que se trata de pensamiento situado. Situado, diría, en el pesimismo o en el inmovilismo o en el bloqueo o incluso en una geometría histórica muy simplista y falta de encanto: la de la linealidad temporal. El invento de la cronología por años, donde todo tiene un principio y un final, es una forma de regular los tiempos para hacerlos accesibles a las capacidades humanas. Para llevar la contra, algunos teóricos prefieren hablar de «continuums»: tiempos ordenados en bloques horizontales de parentescos, más que en una escala cronológica o un sumatorio de años y etapas. Con sus respectivos hitos que se leen distinto según la época. Asumir que una generación quedó perdida sería una injusticia para el presente. Sería anular las afinidades con todo lo que vamos a tratar a continuación.

Pau Malvido (Barcelona, 1948-1994), atento a la importancia de generar narrativas propias y también de la plasticidad de la historia humana, decidió adoptar el segundo apellido de su abuela paterna como nombre artístico y también para visibilizar su herencia jerezana. Los segundos apellidos, los cedidos por las mujeres, están destinados a olvidarse. Hasta que alguien decide que no: y con estos pequeños gestos recuperamos biografías para que no queden perdidas. Malvido, dedicó sus energías a ser cronista de la alteridad, de las historias alternativas que no tenían que perderse. Un narrador invisible que desaparece en favor de lo narrado. Hasta que poco antes de 2004, Genís Cano y Jorge Herralde (con la colaboración de David Castillo) rescataron el fajo de crónicas incluidas en este volumen, publicadas en su mayoría en la revista *Star* con el nombre de «Nosotros los malditos», decidiendo que a Pau Malvido no lo olvidaba nadie. No a él, sino a todo lo que representaba. Veinte años más tarde volvemos con la misma intención de regeneración y con otra excusa: ha pasado medio siglo desde el inicio de la Transición. ¿Dónde están sus freaks?

Tengo una mala noticia para las gentes del buen gusto: los freaks seguimos aquí. Según el propio Malvido, los freaks «son gente que nada tiene que perder con un cambio social radical». Una especie tan atávica como la invención de la humanidad: si existen «los unos» se fuerza la existencia de «los otros». Es el poder de la lógica binarista. Los ecos de los freaks de antaño resuenan en nosotras, prueba de ello es la reedición de este libro y la celebración de 50 años del inicio de la Transición en un mundo que aún está transicionando. Un mundo donde el discurso de lo trans* cobra nuevos sentidos que cuestionan nuestras realidades y está más presente que nunca en los deseos espirituales y libertarios que buscan más allá de las polaridades. Estas Ramblas que conectaban el puerto con el Barrio Chino, por las que en algún momento andarían Ocaña, Nazario y toda su horda de descastadas, pisando rutas ya marcadas por freaks más antiguas que ellas, aún conectan con un Raval que resiste. Con centros neurálgicos fruto de su legado múltiple y contracultural como Madame Jasmín, la Casa de la Pradera o el Maki Navaja. No existirá la sala Zeleste, pero suenan sus ecos e intenciones en Meteoro, El Pumarejo o la nave industrial de FOC.

Volviendo a nuestro(s) protagonista(s): advierte el viñetista Montesol[1] que «el movimiento underground es un movimiento de ángeles caídos, es un movimiento de malditos. Por eso conecto con lo que decía Pau Maragall en los números de *Star* donde hablaba de "nosotros los malditos". ¿Por qué los malditos? ¿Por qué el mito del ángel caído? Porque a pesar de ser gente con un gran respeto por la cultura, por la palabra y con trascendencia espiritual, chocamos completamente y caemos al vacío». Pero esa caída al vacío, me gustaría imaginar que para Malvido fue una búsqueda hacia donde tenía que llegar la luz. Un ángel es la figura simbólica de aquel que ve o tiene la luz y apunta con ella a las realidades que han quedado en lo oscuro: las ilumina. Mirar hacia allí es darle espacio al alivio y a la existencia de una posible solución, en caso de que la necesitemos.

Hagamos una consideración sobre la etiqueta de «maldito». Lo primero, es que fue una invención de J. J. Fernández, editor de *Star*, para darle título a esta serie de crónicas sociológicas sobre el período. Quizá inspirado por los ensayos *Los poetas malditos* (1884) de Paul Verlaine, y por el desencanto fruto de la desmovilización radical una vez asentada la transición democrática. El malditismo puede connotarse como la imposibilidad de escapar a un

1. Morrosko Vila-San-Juan, *Barcelona era una fiesta underground, 1970-1980*, 2019.

final, pero también por la capacidad de hablar desde lo «innombrable». Con el poder que implica que, al nombrar lo que otros consideran «maldito», deshacemos el embrujo de lo prohibido, lo devolvemos a una realidad admisible. Lo que no se nombra no existe en el discurso público. Al nombrarnos, nos dotamos de nuestra propia y necesaria existencia a la contra, pero también es en la contra donde viven las vanguardias del pensamiento. Pau Malvido, como cronista de las calles y también del mundo espiritual, sabía intuir todos estos puntos de fuga.

Huyendo del debate fácil sobre si Malvido era o no un «maldito», sí que supo narrar otras linealidades temporales de su presente donde los supuestos «malditos» de la sociedad tomaban un papel protagonista. De alguna forma, nos interpelan a las generaciones que vendríamos después, los que aún somos hijos ilegítimos del «continuum» social acomodado, sucesores de un pacto que no hemos firmado.[1] Una relación de parentesco que no implica necesariamente lazos de sangre sino de éticas y singularidades. Son lo que el pensador José Esteban Muñoz[2] llama el entonces

1. Sobre la invisibilización de los linajes en el presente ha reflexionado la investigadora Marta Echaves: «Soy más hija de todos aquellos que experimentaron con formas de vida, con consumos, con unas prácticas más radicales y todos aquellos que podían haber sido esta especie de modelo de otras vidas posibles o de otras prácticas políticas y que murieron, mientras que aquellos que se quedaron, aceptaron el pacto transicional. El mundo que heredamos es el construido por los que no protagonizaron esta contracultura y nosotros tenemos que hacer ese esfuerzo de rescate para, de alguna forma, emparentarnos con todas estas desapariciones». Fragmento proveniente de una entrevista personal con la prologuista.

2. José Esteban Muñoz, *Utopía queer: el entonces y el allí de la futuridad antinormativa*, Caja Negra, Madrid, 2020.

y el allí de la futuridad antinormativa. El *entonces y allí* como una temporalidad mágica que existe a la vez en el pasado y se proyecta hacia el futuro. Como si los futuros propuestos por la alteridad en tiempos anteriores, y que eventualmente quedaron cancelados, pudieran recuperarse para imaginar alternativas en el mundo de hoy. La posibilidad de que en el pasado se hayan anticipado ya utopías concretas que quedaron fuera del discurso hegemónico, pero que nos siguen interpelando. Malvido, a su vez, abogaba por un pensamiento pragmático que llevara a la acción local directa tanto con sus textos como con sus alianzas y participaciones.

A esta maniobra, bauticémosla como genealogía metafísica, se dedicaron tanto Pau Malvido como su tocayo espiritual Pau Riba. Ambos compartían, según el cantautor galáctico Jaume Sisa, «una conexión aérea».[1] Nietos de poetas ilustres catalanes, optaron por desafiliarse de la cultura burguesa de sus abuelos pero, sobre todo, de cualquier tipo de mitología o discurso redentor: para poder afirmarse como individuos, antes tuvieron que desidentificarse de cualquier ideología preeminente. Rehuir de los -ismos dominantes (los fundamentalismos, los nacionalismos y los partidismos) que fácilmente llenan lo que Riba llamó el «vacío de pensamiento». El ángel caído frente al ángel redentor. Ser un contestatario, o un maldito, se presentaba como la única opción lúcida. En este proceso de re-identificación apareció la llamada contracultura estatal, que para Fernández,[2] editor de *Star,* era sencillamente ha-

1. Fragmento proveniente de una entrevista personal con la prologuista.

2. <https://cualia.es/cuando-vivir-no-era-consumir-entrevista-a-juanjo-fernandez-editor-de-la-revista-star/>.

cer cultura propia, porque en ese entonces no había más. Una transición cultural que, según dicen, no era ácrata o anarquista en el sentido oficial, sino hija del descreimiento político, antiautoritarista.

La represión de este periodo tenía un nombre muy claro: la dictadura franquista. Mientras que, en el proceso de transición democrática, la respuesta de la izquierda se centró en repartirse el pastel, a nivel autonómico, y según palabras de Pau Riba, «la cultura catalana se defendía a sí misma pero no es que fuera de izquierdas».[1] Durante este lustro nada estaba claro y nadie sabía dónde iba a desembocar; había un punto de caos que parecía muy estimulante para los jóvenes. La revolución, a la par que política, intentó ser ecológica, sexual, de liberación femenina y lo que hoy podríamos llamar «LGTBIQ+ friendly»: eran todo aspectos de una misma realidad. La psicodelia, a su vez, se vivía como un imaginario cultural y un estado espiritual. Según Pepe Ribas, fundador de *Ajoblanco*, «nuestros valores no eran apoderarnos del poder cultural, ni apoderarnos del poder político, como otros que empezaron con el poder cultural y luego consiguieron el político. Ni apoderarnos de lo que diría la historia. No, nosotros lo que queríamos era pasárnoslo bien, cambiar una serie de valores, ser más lúdicos, más solidarios, más pacíficos, más eróticos».[2]

Una búsqueda (re)creativa tan rupturista como hedonista, pero muy alejada del individualismo que ciertas corrientes del eros han tenido en otros momentos históricos. Según cuenta el experto en el periodo, Germán Labrador,

1. Morrosko Vila-San-Juan, *Barcelona era una fiesta underground, 1970-1980*, 2019.

2. *Ibid.*

lo que se intentaba en ese momento era un arte hecho por todos: «La utopía de las vanguardias contraculturales de finales de los 60 será poder crear un arte de la vida, pero un arte que de alguna manera disuelva el lugar del creador. Va a haber un montón de experiencias de producción de arte comunal, de arte colectivo, de arte anónimo para llegar a una sociedad de ciudadanos poetas. Donde todos los ciudadanos sean capaces de producirse a sí mismos, produciendo la vida democrática en común a través de la producción de estética».[1]

Sin embargo, estos valores no estaban exentos de una resaca crónica, que marcaría la trayectoria vital de muchos, incluida la de Malvido. Labrador apunta que ese trabajo de la emancipación de una propia vida contracultural no puede desprenderse de las imposibilidades que la obstruyen, formando una conciencia en crisis. «Hay una dimensión trágica que atraviesa todas las producciones de la contracultura en los años 70. Sobre todo, por parte de sus intelectuales, poetas, aquellos que más reflexionaron sobre la propia experiencia, sobre la dificultad o incluso la imposibilidad de llevar a término este proyecto y una pulsión destructiva que está vinculada con la necesidad de hacerse cargo de las propias limitaciones. Es decir, quizás no me dejan hacer lo que quiero hacer, pero al menos puedo destruirme intentando hacerlo».[2] Para Pau, igual que para muchos de los agentes activos del momento, *la processó anava per dins*. Sentían la angustia alrededor de lo que

1. *Ibid.*

2. Germán Labrador, en el coloquio *Contracultura, estética y democracia durante la transición española (1968-1986)* organizado por la UdB el 6 de marzo de 2017 y disponible en <https://www.youtube.com/watch?v=91zMdi9HUzc&t=4059s>.

Carl Jung calificó como el inconsciente colectivo, pero también se esforzaban por mantenerse lúcidos a pesar de todo. Entre las trampas del pensamiento dualista, donde hay creación, tiene por ende que existir la de-creación. Si suavizamos el binarismo, podemos incluir en el abanico la posibilidad de la re-creación, a la que nos dedicaremos a continuación.

Hasta ahora hemos utilizado las mismas herramientas que nuestro protagonista: bosquejar todas las circunstancias político-espíritu-sociales que dibujan la silueta del individuo. Es el momento ineludible de imaginar quién era Pau Malvido, aunque su hermano Pere Maragall nos lo presenta mejor en el epílogo. Dice de él Canti Casanovas, comisario de la exposición *Underground y contracultura en la Cataluña de los 70*, «Pau no era Pau, sino en relación a una constelación de personas»,[1] como la escritora y viajera Ana Briongos, su gran amiga, la socióloga Marga Latorre, o su hermana la poeta Mònica Maragall. Seguramente sus fundamentos también se construyeron conforme a los de sus casas. Desde su hogar familiar en Sant Gervasi, al que volvía con gusto y donde, a veces, leía en voz alta sus textos, hasta la icónica Casa Fullà encargada por Restituto Briongos; la cooperativa que fundó, llamada La Miranda, o La Mola en Formentera, compartiendo vecindad con Pau Riba y Mercè Pastor. Incluso su refugio de ermitaño en el pueblo costero de l'Escala.

Si bien se podría decir que no hay una sola organización militante que definiera por completo sus principios, la gran variedad de grupos a los que perteneció nos llevan a imaginar la diversidad de sus inquietudes activistas. Desde sus años de bachiller participando en agrupaciones autó-

1. Fragmento proveniente de una entrevista personal con la prologuista.

nomas como el F.I.E.B. a los universitarios en el FOC (Front Obrer de Catalunya) y de la LCR (Liga Comunista Revolucionaria). Allí congenió con personalidades y teorías más eclécticas, que le configuraron una ideología propia. Su hermano Pere recuerda que a Pau no le gustaba seguir la senda oficial, que era libre en el mejor sentido de la palabra. Participaba en el cambio de tono de los panfletos políticos, más inspirado por las formas populares del Mayo francés del 68. Hasta que finalmente, encontró su voz útil en narrar las formas de contracultura.

En su faceta como cronista y narrador visual, se las apañó para hacerse invisible, que se viese a través de él, desde una óptica aguda y en primera fila. Así, donde realmente quiso que se le conociera es a través de la crónica y la entrevista, formatos socio-periodísticos que llevó a su terreno. Sabía que cuanto menos se conociera del narrador, cuanto menos ocupara o entorpeciera la historia, más se concentraría la atención en el relato. Aun así, cuenta Canti Casanovas que Pau era un seductor nato, al que le encantaba tanto bailar como escribir. Es trabajar desde el «núcleo del asunto» o el mismísimo meollo. Algo que seguimos haciendo y que teóricas como Marta Echaves llaman «escribir desde la pista».

Casanovas explica que Pau vaciaba y llenaba las habitaciones sin querer, según se movía por los rincones de uno de sus múltiples intentos de utopía, «La cooperativa de La Miranda». A la que acompañaron otras ilusiones agrupacionales como la red TRI.CO.CO. –tribus comunas y cooperativas–, el colectivo de acción plástica GRUPSENSENOM o los servicios audiovisuales comunitarios Vídeo-Nou. La colectividad era su campo de activación. No solo era un escritor, también un materializador entusiasta. Se pasaba las horas de visita, queriendo conocer y entretejer vínculos. Con la libreta en la mano, escribía compulsivamente unos manifiestos que luego arrugaba. ¡Imagínense acceder a esta obra escondida en otro «continuum» paralelo! Recibió muchísimos apodos, desde su nombre de guerra, Dani, a «el teoricista» o «el pelos». Dicen que no era un adoctrinador, sino un ilusionador, como se reconoce en el halo de energía contagiosa que tienen sus escritos, despiertos y resolutivos. Un testimonio privilegiado de sus tiempos. ¿Qué hubiera pensado de los nuestros?

En la ciudad condal siguen existiendo espacios físicos, utopías pragmáticas e imaginarios colectivos. Pau vería el «continuum», todas las similitudes con lo que sucedió y creo que, con su espíritu crítico pero sensible, estaría orgulloso con lo que está sucediendo ahora: hay aprendizaje común y mucha unión entre las alteridades, una conciencia de lo freak. Como él mismo narraba «Barcelona, por tener puerto de mar, tiene colonias gitanas, barrio chino y legionarios en el norte de África», que se suman a los «"chavas", hijos de andaluces inmigrados», y a los «"joteros" como entonces se llamaba a los rockeros "charnas". ("Charna" de charnego, hijo de inmigrante más o menos catalanizado.)». A los que habría de añadir las distintas poblaciones asiáticas y también las latinas, fruto tanto de la colonización anterior como del periodo de exilio por la guerra civil, que formó nuevos vínculos y familias entre las hispanolatinidades. Podemos leer sus crónicas saltando entre periodos del pasado y del presente, generando parentescos, "continuums" más o menos habitables.

La realidad de entonces se convirtió en una post-dictadura y ahora nos ubicamos en la época post-post, como la llama Marina Garcés,[1] donde las crisis globales nos sitúan

1. Marina Garcés, *Nueva ilustración radical*, Anagrama, Barcelona, 2017.

en un no futuro necro-capitalista, leído más allá del icónico eslogan del punk. Desde los pesimismos, ahora se nos lee en la época del post-nada. Un tiempo donde hay que reconfigurar nuestra idea promesa, porque al igual que sucedió en la Transición, la potencia de la promesa sociopolítica ha caído en un mal uso.[1] Los nuevos y viejos -ismos vienen con la propuesta de salvarnos si cumplimos con los mandatos hegemónicos, pero no tienen el poder (o quizás la intención) de abarcar a toda esta masa de población que nada tiene que perder, como sentían los freaks de entonces, con un cambio radical. Seguimos dispuestas a imaginar futuros para llevarlo a cabo.

Las luchas interseccionales de la contracultura de entonces continúan en pos de una libertad creativa y recreativa, de la autogestión, la ecología, el antiespecismo, los feminismos, la *queerness*, la decolonialidad y los movimientos diaspóricos, sumándole la perspectiva tecnológica, digital y post-humana. No somos, igual que ellos no fueron, una generación perdida. Nos despedimos, pues, como Malvido despedía uno de sus artículos divulgativos, para el uso comunal de la técnica videográfica. Un mensaje que podría repetirse a modo de mantra, para todo lo que esté por venir: «Sense por, doncs, i bona sort».[2]

AÏDA CAMPRUBÍ HINOJOSA

1. Marina Garcés, *El tiempo de la promesa*, Anagrama, Barcelona, 2023.

2. «Sin miedo, pues, y buena suerte.» Pau Maragall, «Vídeo: Diners i actituds», en *Perspectiva escolar*, 65 (1982), pp. 15-19.

Nosotros los malditos

NOTA DEL EDITOR

En otoño de 2003, vinieron a la editorial el amigo David Castillo, *auteur maison*, y Genís Cano, para conversar acerca de una amplia exposición sobre la contracultura en Barcelona en los años 60 y 70, que estaba empezando a organizar Iván de la Nuez para el Palacio de la Virreina, y que finalmente se celebrará en otoño de 2005.[1] Estuvimos hablando de los muchos títulos publicados por Anagrama que podrían participar en la misma, especialmente de las colecciones «Contraseñas» y «La educación sentimental», así como títulos de «Cuadernos Anagrama», entre otros.

En la conversación comenté la posibilidad de recuperar los textos de Pau Malvido *Nosotros los malditos*, que habían aparecido en la revista *Star* en los años 70, idea que provocó un entusiasmo inmediato. Al poco tiempo

1. Aunque a la postre dicha exposición no tuvo lugar, el material recopilado terminó convirtiéndose en el libro *Barcelona, fragments de la contracultura* (Ajuntament de Barcelona, 2010). El volumen, coordinado por David Castillo, es el resultado final de un proyecto que ocupó gran parte de los últimos años de vida de Genís Cano Soler, fallecido en 2007.

Genís Cano apareció con numerosas piezas de su insondable madriguera. Además de varios ejemplares de la revista, trajo también escritos de Pau Malvido aparecidos en otras publicaciones, una selección de los cuales conforma la segunda parte, los *Otros textos* del libro, entre ellos una entrevista que el autor hizo a Víctor Jou, el fundador y alma de Zeleste, y a Pau Riba, dos personajes significativos de la época. Completan el libro un texto de Pere Maragall Mira sobre su hermano Pau y otro de Genís Cano.

También he creído oportuno insertar un cuadernillo de imágenes de la época (que proceden también de los tesoros de Genís Cano). Por una parte, fotografías de Gol, algo así como el fotógrafo «oficial» de aquellos tiempos y aquellas gentes (como Colita lo fue de la *gauche divine*), y, por otra, una serie de ilustraciones de la indispensable revista *Star*.[1]

JORGE HERRALDE,
Barcelona, noviembre de 2004

1. El cuadernillo reproducido en esta edición presenta ligeras variaciones respecto al original. Tratando de no alterar su espíritu, se ha optado por mantener el protagonismo de las instantáneas de Gol y de las portadas e ilustraciones de *Star*. También se han recuperado cabeceras e imágenes presentes en los artículos de la serie «Nosotros los malditos» y añadido tres fotografías del autor.

1. ROCK Y FUTBOLINES EN EL 64

Ahora que las revistas hablan tanto de los movimientos juveniles, de los hippies, de los anarquistas y de los comuneros, nosotros, que tenemos ya más de veinticinco años y que formamos parte de las primeras tribus barcelonesas de hippies y «freaks» (en inglés, *freak* es «raro», «extravagante»), queremos explicar unas cuantas cosas para mayor vacile de propios y extraños. Ante todo: que toda esta avalancha de artículos y revistas nos aburren con sus tonterías. Nos aburren porque escriben sobre América y Europa y no sobre aquí y nos aburren porque hablan de generalidades, elucubraciones, tópicos y personajes míticos y no de la vida de cada día. Y esto es así porque los que escriben sobre rockeros, hippies, freaks y comuneros casi nunca son ni han sido ni lo uno ni lo otro ni lo de más allá. Son más bien chupatintas profesionales de letra al por mayor. Además, la gente lanzada a la vida «rara» raramente tiene el tiempo y las ganas de ponerse a escribir, y menos de ponerse a escribir sobre lo que les está pasando en concreto. Estamos demasiado acostumbrados a que en las revistas salgan artículos espectaculares y elucubraciones «finas». Nosotros, teniendo el tiempo y las ganas de recuperar nuestra pequeña historia personal frente a tanta falsa historieta yanqui, queriendo continuar el rollo y viendo que a lo mejor nos pagan algo, pues nada, nos ponemos a escribir desordenadamente y con furia, intentando ser concretos, verídicos y, en todo caso, algo sinceros. Es importante repetir que durante el surgimiento en Barcelona de los rockeros y después de los hippies, nadie, ninguno de ellos, escribió nada sobre lo que estaban viviendo. Nunca salió nada publicado, nada que fuese escrito por rockeros y hippies sobre ellos mismos. Llegaron libros yanquis y aparecieron articulistas y pensadores. Nada directamente surgido de los «protagonistas» del asunto. Y luego salen artículos, como los de *Ajoblanco*, en los que se «entierra» al hippismo calificándolo de invento de snobs americanos ricos. Es natural que los Racioneros y Ribas y cía. de *Ajoblanco* piensen esto, porque ellos mismos, gente procedente de ambientes intelectuales ricos y con vocación elitista, si fueron hippies lo fueron al estilo snob y si no lo fueron la idea que pudieron hacerse venía de amigos hippies ricos y de cuatro libritos yanquis de lo más académico y tonto. Así, esta gente entierra de hecho el hippismo más cercano a ellos, el hippismo más snob. Lo cual, por otra parte, está muy bien. A ver qué nuevas modas se inventan ahora. ¿Quizá el «espíritu libertario» y la «autogestión» y también en versión snob?

La «masa» hippie y freak de Barcelona y comarca poco tuvo que ver con esta gente. Eran más bien, en sus orígenes, izquierdistas desengañados o agotados, pequeñoburgueses más bien pobretones, mezclados con grifotas de la línea tradicional (gente del barrio chino) y extranjeros peregrinantes.

Y los rockeros de antes, los de los años 60-65, estaban muy lejos de los intelectuales snobs. Eran «chavas», «charnas» y hasta «pijis», pero no mentes destinadas al comercio de la letra.

El baile Tokio fue cerrado por cuestión de drogas allá por el año 1964. No eran drogas destinadas a hippies ni a freaks. Era grifa de la de siempre, la que, según se decía, fumaban los «lejías» (legionarios) y gente afín. Barcelona, por tener puerto de mar, colonias gitanas, barrio chino y legionarios en el norte de África, tiene una larga historia de grifa, de «caramelitos» de «gloria» a cinco duros (tiempo ha), de gente que se juntaba para «ir a escupir el muerto». La gente que iba al Tokio como la que iba al Trolebús (por la zona de Arco del Triunfo), era una mezcla de catalanes hijos de pequeñoburgueses, de barrios como el Ensanche más pobre, el casco antiguo, Horta o Pueblo Seco y «chavas», hijos de andaluces inmigrados. También iba gente más rica con ganas de desmadre, gente golfa, de los que están entre los últimos de la clase. Y allí estaban el macarra, el tipo con «nomeolvides» en la muñeca, el grifota de siempre. Allí actuaban los Salvajes, los más ye-yé, los más «joteros» como entonces se llamaba a los rockeros charnas. (Charna de charnego, hijo de inmigrante más o menos catalanizado.) Los Salvajes habían estado en Alemania (España y Alemania quedaban muy cerca gracias a la inmigración forzosa de centenares de miles de trabajadores). De allí volvieron con largas melenas y vestidos de negro, no al estilo Beatles de entonces (americana sin cuello y melenita) sino más bien al estilo Rolling Stones. Todos los ye-yé, los chavas de camisa negra, cuello levantado por detrás, pantalones negros de tergal, acampanados (32 centímetros de ancho por abajo), los bitelianos de botines en punta, los «pijis» (que eran los ye-yé más ricos, conjuntos de chicos de Preu, seiscientos trucado), los asiduos del Tokio, del Trole, y hasta del San Carlos, los niños ricos engolfados (los expulsados de los colegios de pago, los de las academias disciplinarias), todos se encontraron juntos formando masa en los conciertos del Palacio de los Deportes en el año 64. Actuaron los Sírex, los Mustang, los Salvajes, los Brincos, Lone Star, etc. Y también los Moody Blues. La policía estaba allí y se produjeron algunos incidentes. Aquella gente, subiendo por la calle Lérida en largas colas hacia el Palacio de los Deportes, miraban asombrados hacia todos lados, dándose cuenta de que eran bastantes los que vestían de forma rara y llevaban el pelo largo. Se sentían fuertes.

Durante esos años (1962-64) el régimen de Franco pretendía modernizarse un poco. Ya había acabado la política de puertas cerradas y de miseria de posguerra. Los yanquis ya estaban aquí con sus productos, con sus marines y con sus modas. Los falangistas iban de baja. Se tenía que disimular. El Plan de Desarrollo estaba de moda. Los turistas venían cada vez más. La universidad empezaba a moverse un poco y en Asturias los mineros hacían las huelgas más importantes desde el 39. Las salas de baile, que habían estado controladas por la Falange (al acabar sonaba el himno nacional), empezaban a convertirse en «dancings» primero y en «boîtes» y «discotheques» después. Es en este momento de cierta presión modernizada cuando la gente ye-yé puede reunirse en masa por primera vez. Los permisos se daban algo más fácilmente. Las sesiones musicales de los domingos por la mañana en el Novedades fueron todo un acontecimiento. Unas mil personas acudían fielmente a las «matinales». Aquello lo montaba la «cadena Red Star». Todo lo que sonaba a yanqui pasaba. Si el nombre de la «cadena» hubiese sido castellano (o sea, literalmente, «Estrella Roja») evidentemente no hubiesen podido ni empezar. La «Red Star» era en realidad cuatro amigos, cuatro ye-yés catalanes espabilados. Delante del Novedades, que entonces tenía sala de futbolines, se formó una manifestación de ye-yés menores de dieciséis años, la edad mínima exigida para poder entrar, como pasa todavía hoy en muchos sitios. Los chavales de catorce años gritaban: «Si a los catorce trabajamos, a los catorce bailamos». Allí actuaron más o menos los mismos que en el Palacio de los Deportes, más los Gatos Negros, Alex y los Finders, Mangas Verdes. También en el Price se hacían festivales esporádicos, el último de los cuales fue despedido con el mayor destrozo de butacas que se recuerda en Barcelona. Todo esto coincide con el auge de los Beatles, con la fase más puramente rockera de los Beatles, cuando estaban mucho más de moda entre los chavas y los ye-yés golfos que entre los estudiantes de familias más ricas o más cultas, que hacían las «fiestecitas de los sábados» a base de música francesa, italiana y americana nostálgica (Elvis). Toda esta oleada rockera recogió a los supervivientes de las grandes «bandas» de los barrios. Bandas de jóvenes con un espíritu territorial muy fuerte, rozando a veces la delincuencia, imponiendo su «ley» en la zona que les correspondía, enfrentados o mezclados con elementos falangistas según la zona, sin ningún lugar al que ir aparte de alguna sala de futbolines. La banda era la forma espontánea de organizar el tiempo libre y de escapar de una sociedad supercontrolada, rígida, miedosa, mísera. Bandas como la del Titi eran conocidas en toda Barcelona. La Banda del Titi «operaba» entre Vía Layetana y Arco del Triunfo. El robo sistemático y tenaz era su norma. Desde camiones de Coca-Cola vaciados en diez minutos hasta partidas de tela al por mayor. Todo lo que pasaba por la zona. Los Correas todavía aguantan, mantenidos por elementos de extrema derecha según se decía ya entonces.

Las bandas no se formaban solamente en barrios obreros nuevos y marginados, en los que la Falange intentaba aprovechar el anticatalanismo (que como forma de defensa ante una sociedad extraña y más rica aparecía en algunos sectores de recién inmigrados), sino que también se formaban en barrios típicamente catalanes. En general todas las bandas, con alguna excepción, eran demasiado localistas y estaban demasiado orgullosas de sí mismas como para dejarse manipular por mucho tiempo por la Falange o por cualquiera otra forma de autoridad institucionalizada. Con el período de desarrollo, turismo y capital yanqui que empieza de verdad en 1960, las bandas se hacen más fuertes primero, estimuladas por las mayores posibilidades de acción que da la mayor circulación de dinero, productos importados y modas. A la larga, sin embargo, tienden a diluirse en un movimiento más amplio y más homogéneo, sin dejar de existir. Cuando hay más dinero, más sitios adonde ir, bares, películas extranjeras, festivales, cuando en la radio y en los grandes almacenes se comercia ya con productos ye-yé, las posibilidades de pasar el rato y de identificarse al margen del taller, la oficina o la academia son mayores para todos. La banda del barrio como único reducto diferente del taller, de la escuela y de la familia va dejando paso a los grupitos que pasean por toda Barcelona buscando rollo porque saben lo que hay.

Debo confesar que escribiendo toda esta historia me doy cuenta de las pocas referencias que poseo. Las personales, las de algunos amigos y poca cosa más. Anécdotas y datos sueltos unidos por las cuatro hipótesis de siempre y por cierto vicio de coherencia. Y es que resulta que en la prensa no salía nada. Los estudiosos tampoco se han entretenido en ver la vida cotidiana de la juventud en este país durante todos estos años. Hay historias de luchas sociales importantes, de la literatura durante el franquismo, del desarrollo económico, de los movimientos políticos, de poesía y pintura. Pero, aparte de alguna película y de alguna novela, nadie cuenta nada de lo que hacía la gente durante su tiempo libre, los «usos y costumbres», sus manías privadas. No sé si esto resulta necesario. En todo caso es una parte importante de la vida de la gente. Y frente a tantas historias como nos cuentan resultaría saludable saber o simplemente ver lo que hemos sido, lo que hemos hecho en realidad. Nosotros, nuestros compañeros de más edad y todos. En un país en el que no se podía hacer casi nada, en el que la mentira oficial era tan gorda que, en el fondo, nadie la creía, la gente se debió de ver obligada a pasar, en cierta manera, de todo. A pasar de todo calladamente, en cualquier rincón. Dándose a diversiones y manías casi íntimas, escapando de todo a base de aprovechar lo que fuese. Ahí está el típico joven catalán, pequeñoburgués, escéptico, agarrado a ocupaciones o manías increíbles. Arreglar radios viejas, cuidar canarios. Sin salir a la luz pública, porque luz pública ni había. Sexualmente reprimido, lleno de utopías modestas pero igualmente irrealizables. Y al mismo tiempo extraordinariamente hábil para aprovechar cualquier posibilidad. Para desarrollar habilidades peculiares. La estrechez del mundo en que vivían les ahogaba, pero al mismo tiempo les hacía expertos en el truco dominando con facilidad las contradicciones del pequeño mundo, acostumbrados a pensar que toda cara oculta una cruz, que cada cosa tiene su trampa. Los más proletarios se veían más obligados a tragarlo todo sin posibilidad de trampa, sin truco. O a ponerse del otro lado arriesgándolo casi todo. En fin, que buenos niños convencidos y satisfechos debía de haber pocos. Buen niño significa aprender lo que te dicen, creerlo o hacer como que lo crees. Esto último ha debido de ser más posible. Hacer como que se cree y por debajo mantener cierta desconfianza permanente y cierto maquiavelismo. Aquí ha habido y hay todavía mucha gente acostumbrada a sentirse en la ilegalidad. En la ilegalidad social y en la ilegalidad moral. Cantidades de matrimonios por embarazo (muchos más de lo que normalmente se cree), cantidad de sexualidad degradada, de «chachas» utilizadas como carne de cañón para el inicio sexual. Ilegalidad en la diversión. Bares de puertas cerradas, bandas, grupetes espabilados que alquilaban bares para las «fiestas». Los buenos niños más ricos pronto quedaban defraudados. No era posible ser buen niño convencido por mucho tiempo. La realidad era demasiado diferente de lo que se enseñaba. Entonces el buen niño, si es rico, o se convierte en golfo demostrando que él puede ser más ilegal que nadie o queda algo amargadillo. Y de esta amargura, de esta comprobación de la imposibilidad de ser «bueno», sale gente rebelde, gente que lo prueba todo porque no cree que todo pueda ser tan malo como resultaría ser si se comparase con la estrechez de lo que le han dicho que es lo bueno, o de lo que ha creído que es lo bueno. Esta gente, con menos recursos de emergencia, con menos dominio de los truquillos, menos acostumbrada a las pequeñas ilegalidades diarias, se ve obligada a plantearse la ilegalidad como algo nuevo, inmenso, extraño a su «pequeño buen comportamiento». Y entonces se dedica a ello con furia. Organizan su nueva ilegalidad, a veces de forma muy extrema. Pasan a engrosar las filas de los rebeldes que lo han sido desde siempre. O quizá se añaden a ellos desde fuera, intentando descubrir en ellos y en todo lo definido como «malo» algo que pueda ser convertido en «bueno», pero de verdad. De ahí la mitificación y el endiosamiento que algunos jóvenes burgueses hacen de los tipos más representativos de lo que está al otro lado de su propio ambiente. Los ídolos proletarios, los ídolos lumpenproletarios. Y así se forman estudiantes empeñados en estudiar lo que no les enseñan, ávidos de textos extranjeros ilegales.

Los universitarios descontentos apenas habían logrado organizar movimientos fuertes en la época de la que hablamos, en los primeros años 60. Las huelgas de estudio les animaron bastante y se lanzaron con más fuerza a cargarse el sindicato falangista que ya estaba medio muerto. Eran minorías clandestinas que empezaban a conseguir asambleas multitudinarias. Gente muy entregada a aquello. No creo que tuvieran muchos contactos con los chavas, con las bandas, o con los rockeros. Su cultura era más bien europea, poco yanqui. Su música era la canción francesa y el jazz. Iban a divertirse a las Ramblas y al barrio viejo, pero desconocían los trucos del lugar. Los chavas, los pijis y compañía habían recibido la moda yanqui e inglesa como confirmación de su derecho a ser diferentes. El contacto con los turistas trabajó también en este sentido. El ligue en Lloret era aire renovado. Los intelectuales se mostraron más reacios hacia lo yanqui porque su manera de ser diferente estaba ya reafirmada por la vía ideológica y política. Solo más tarde, cuando el propio movimiento estudiantil fue masivo y fuerte, cuando la mística de la conspiración fue dejando paso al trabajo de organización a mayor escala, empezaron a surgir contradicciones más «vitales» en los estudiantes izquierdistas. Además lo yanqui empezaba a ser más interesante para ellos. Salió Bob Dylan, salió el movimiento de protesta de la juventud americana, empezó a haber hippies. Los «setze jutges», la agrupación de cantantes protestones al viejo estilo francés, tuvieron un hermano menor devoto de Bob Dylan, el Grup de Folk, Pau Riba, Sisa. Empieza a haber contactos entre gente procedente de la universidad y del izquierdismo con gente procedente de las bandas de barrio, de los ambientes grifotas y del mundo rockero. Los Beatles habían llegado a ser lo suficientemente refinados como para gustar a más gente que a los rockeros puros. Los diferentes submundos, más desarrollados, encontraban canales de comunicación, cosas comunes de las que poder hablar, un mercado musical más amplio y uniforme, locales especializados, discotecas. Todo esto, sin embargo, quedó como endurecido porque el famoso desarrollo empezó a quebrar. A medio lanzamiento la cosa volvía a congelarse. Los ánimos estaban ya disparados, pero la economía empezó a ir en sentido contrario. Esta tensión, esta confusión, la confusión del que coge carrerilla para saltar y antes de hacerlo ya le dicen que pare, marcó de una forma especial el nacimiento de esta mezcla de grifotas, rockeros y estudiantes, esta mezcla que aquí fue la protagonista del primer hippismo. La devaluación de la peseta del año 67 acompañó a los primeros hippies de Barcelona como señal del hambre que iban a pasar.

Todo esto, señores, ya forma parte del próximo capítulo de este cuento. Tenemos cantidad de datos ya preparados. Esta época preliminar explicada aquí nebulosamente (yo y la gente amiga consultada éramos muy jóvenes) puede servir al menos para entender que en todas partes cuecen habas, pero en cada parte a su manera. El hippismo americano es una cosa y el de Barcelona otra. Los grifotas son una cosa y los intelectuales snobs son otra. Todo el mundo ha vivido su historia. Esta es una de ellas. Y la que explica *Ajoblanco* es otra.

«Star», 23 (1977), pp. 7-9

2. 1967: IZQUIERDISTAS Y GRIFOTAS

Continuemos el rollo. Los niños malos, los de las academias disciplinarias, los que se sumaron a las bandas de rockeros de pantalón negro que habían llenado el Palacio de los Deportes en el 64 siguiendo a los Salvajes y compañía, esos no llegaron a la universidad. Siempre cateaban. Siempre en futbolines y bares prohibidos. Pero los otros, los niños buenos, esos sí que llegaron. Las familias de clase media, que en aquellos años habían hecho sus buenos negocios, consideraban que enviar al nene a la universidad era lo mejor, el futuro asegurado. Y los nenes llegaban a la universidad dispuestos a todo. Por fin se acababa el control colegial y familiar. Pero la universidad no ofrecía mucho. Cátedros aburridos, niños ricos que se pasaban el día en el bar o aprobaban por su buen nombre, bedeles policíacos. Y el niño bueno de familia de clase media perdía el culo. Y se fijaba en aquellos elementos extraños que se dedicaban a propagar los ideales democráticos. En el fondo, gente como ellos, que se lo creyeron todo hasta el día en que descubrieron que si seguían así se iban a aburrir mucho en la vida. A no ser que tuvieran mucha plata, claro. El movimiento estudiantil se lanzó a fondo. Asambleas de millares de estudiantes con la policía cargando en plan duro. El sindicato falangista se acabó de hundir. Los estudiantes comunistas estaban eufóricos. Tanto que algunos fueron sometidos a una especie de juicio realizado por el propio Partido (el PSUC). Se les acusó de practicar orgías sexuales y de poner en peligro la seguridad de la Organización cuando se emborrachaban por las Ramblas y cantaban canciones revolucionarias así por la cara. Pero, aparte de esas minorías «escandalosas», la cosa era muy seria. En marzo de 1966 se reunieron cerca de quinientos delegados de curso en el convento con los capuchinos de Sarrià, y quedó constituido el nuevo Sindicato Democrático. Tres días y tres noches con la policía rodeando el lugar y con entrada final, recogida de carnets y palos en la calle. Toda esta gente, en sus ratos libres, escuchaba a Dylan y a los Beatles, algunos. Pero lo más importante para ellos era la lucha contra los «grises», la organización del Sindicato. No conocían demasiado la música rock y si la conocían no significaba nada más que eso: música. Nada de estilo vital nuevo. Su lucha, además, era tan claramente entendible, tan elemental que hasta los tenderos y las familias no muy cerradas les apoyaban un poco. En cambio, los que estaban por delante y por detrás de ellos tenían problemas diferentes. Los más mayores, los que ya habían acabado o estaban acabando la universidad, habían pasado una época muy dura. Los que habían intentado luchar recibieron cantidad y casi nadie les apoyó. Algunos habían decidido pasar de todo, buscar otras cosas. Sobre todo los que por inteligencia o dinero pudieron enrollarse con lo que pasaba en el extranjero. Se volvieron medio artistas y medio snobs. Buscaron originalidades. Algunos estudiaron o conocieron a los elementos beatniks y a los primeros hippies extranjeros. Los más jóvenes, los de bachillerato u oficina, ya se enrollaban mucho más con beatles, rollings, soul, etc., y llegaron a la universidad cuando las cosas ya habían cambiado un poco. Porque cuando el Sindicato estuvo hecho nadie sabía qué hacer con él. La policía encarcelaba una y otra vez a los delegados. Es que, además, los estudiantes lo que querían era luchar. El Sindicato en teoría tenía que servir, como todo sindicato, para defender los intereses profesionales de los estudiantes: mejorar los planes de estudio, tener más aulas, etc.

LA CRISIS DEL PSUC

Pero los estudiantes, después de tanta lucha, no iban a quedarse simplemente reclamando pequeñas mejoras y menos cuando por hacer eso la policía les seguía cascando. Los estudiantes llevaban más marcha. Los comunistas no supieron ver esto. Y el Sindicato se hundió entre cientos de detenciones y saturación de pequeñas actividades burocráticas. Los comunistas del PSUC perdieron fuerza y empezaron a salir grupos izquierdistas. Esos ya no hablaban de democracia y sindicato sino de revolución y barricada. El follón de Mayo del 68 en París exaltó aún más los ánimos.

Algunos grupos incluso consiguieron armas y realizaron algunos atracos para financiar su organización. Pillaron a muchos y los dejaron baldados. Algunos de ellos acaban de salir ahora de las cárceles. Otros se fueron a trabajar a las fábricas para promover la lucha obrera. Muy duro para ellos. Otros, despistados y cansados, conectaron con aquellos más mayores que hacía años pasaban de todo y se iban a Bocaccio y a fumar porros de grifa de los que vendían en el barrio chino legionarios y grifotas clásicos. Y así, señores y señoras, nace el movimiento hippie de Barcelona, muy diferente de la pacífica generación de los hippies yanquis de los que entonces se empezaba a hablar. Recuerdo que en el 67, cuando empezó la disgregación de los estudiantes y comunistas y los consiguientes desmadres, en las facultades apenas había dos o tres peludos al estilo yanqui. Pero en cambio la gente rabiosa que iba a buscar grifa era bastante.

Se formó una mezcla increíble. Un peluquero del chino, un gitano joven y moderno, un negro hijo de jefe de tribu africana, tres estudiantes izquierdistas y un par de snobs de mucha plata formaban corro para fumarse el «canuto» en las callejuelas cercanas al Jazz Colón. Los herederos de los viejos rockeros se apuntaron también al rollo. Siempre se dice que en España las modas llegan muy tarde. En este caso no es verdad. Aquí había hippies en el 67. Y en el 68 ya estaban dos catalanas y un catalán apalancados en Afganistán y varios grupos más en Ámsterdam y Copenhague. En la Plaza Real había cantidad de extranjeros. Y los más jóvenes, los que ya no encontraron sindicato ni izquierdismo, esos se lanzaron al hippismo de entrada, sin reparo. Descalzos por la Plaza del Rey, emigrando a Formentera por la vía rápida.

DE LA GRIFA AL HACHÍS (SUSTITUTO)

Toda esta gente, izquierdistas desengañados y extenuados, snobs de más edad asiduos de Bocaccio, bachilleres recién llegados a la universidad en un momento de desconcierto, jóvenes de barrio herederos de las bandas rockeras, grifotas del chino, hippies extranjeros, negros rambleros, coincidían en el Jazz Colón, que por aquel entonces era el local más permisivo y más avanzado en cuanto a música.

La «rama» era lo que todos ellos tenían en común. El tráfico estaba en manos de los grifotas viejos, que utilizaban intermediarios más jóvenes que la ofrecían en plena calle, taquitos de cinco duros envueltos en papel verde plateado, «caramelitos» de grifa prensada suficientemente grandes como para hacerse tres o cuatro e incluso más canutos. El olor de la hierba «cantaba» mucho y los corrillos de fumadores miraban constantemente a lado y lado. Aunque lo cierto es que en esa época la acción policial no era muy fuerte.

Cuando empezó a propagarse que en América la marihuana preocupaba a las autoridades, cuando se empezó a ver que la «rama» ya no solo la fumaba gente cercana a los ambientes delictivos sino también estudiantes jóvenes burgueses, entonces la represión aumentó.

Además, el tráfico se hacía cada día más descarado. Con el aumento de la clientela, los traficantes se lanzaron a una oferta masiva, haciéndose la competencia a la hora de exhibir su producto. El caso es que la cosa se ponía cada vez más peligrosa. Los vendedores se retiraron a otros barrios más alejados.

Entonces apareció el hachís, que rápidamente adquirió el nombre de «chocolate». Lo traían los hippies de sus viajes por Oriente y de Marruecos. La gente del rollo lo aceptó bien, sobre todo porque olía mucho menos que la grifa y era más camuflable. Aunque los efectos eran más pesados, más inmovilizantes, sobre todo al principio, cuando todavía no se conocía muy bien. Cuando se mezclaba con alcohol, como se hacía con la rama, los principiantes podían quedar «amuermados», como desvanecidos o idos. Los grifotas clásicos y los gitanos siempre han continuado prefiriendo la hierba, más dinámica y vacilona. Los estudiantes pasados a hippies apreciaban la vacilada más mental y perceptiva del hachís, los ratos de pasada «horizontal» tumbados escuchando música o enredándose en juegos de palabras y chistes paradójicos.

Tres discos circularon de mano en mano, procedentes de un yanqui que los había cambiado por unos tejanos. Uno de Hendrix, de los primeros, uno de la Velvet Underground, el del plátano, y otro de los Grateful Dead. Se escuchaban con fruición. Por primera vez la música no era solo ritmo. Todo era importante. La agudeza perceptiva proporcionada por el «chocolate» podía hacerte oír veinte versiones de la misma pieza. Las campanillas, el bajo, el ligero ruido de fondo del motor del «tocata», todo se valoraba. Y a veces dos o más «coloquetas» coincidían en una misma versión, en una misma percepción de qué sonaba. Esas coincidencias eran efusivamente celebradas. Cuando eso ocurría en la calle, cuando dos o más peludos «ciegos» de chocolate coincidían en una misma percepción grotesca de la expresión de un camarero, por ejemplo, entonces la risa se hacía incontenible e interminable, ante la sorpresa de la concurrencia. Por lo demás, la actitud pública de los peludos era reservada y distante. Eran realmente muy raros en aquel momento, formaban círculos bastante cerrados para el que no estuviera mínimamente metido en el asunto.

HIPPISMO CLANDESTINO

Había cuatro o cinco pisos interconectados. Todo el mundo pasaba por ellos a estarse horas o días. La solidaridad entre todos ellos era considerable. La vida diaria era la de un desocupado permanentemente ocupado. Algunos llevaban una doble o triple vida. Algún trabajo eventual o fijo (los menos), y el resto al vacile y al rollo. Incluso hubo los que compaginaban activismo político en grupos de izquierda y cuando podían se daban al desmadre y al enrolle. La «colocada» de hachís hacía que los ratos muertos no fuesen tan muertos. Uno podía pasarse horas haciendo un dibujo, escuchando música e incluso haciendo cosas prácticas a las que se dedicaba una atención lenta y profunda. Arreglar una cerradura podía ser todo un «viaje». Cuando se acababa, el enrollado reparador se enteraba asombrado de que ya eran las doce. También eran frecuentes los ataques de gula. Comer era un placer increíble y cada cual se fabricaba sus repentinos e improvisados platos combinados, buscando desesperadamente los ingredientes necesarios. Las enrolladas sexuales, cuando se presentaban en pleno colocón, adquirían una intensidad inusitada y profunda. Para todos aquellos enloquecidos izquierdistas, acostumbrados a pasar de todo, a no conceder importancia a nada que no fuese la lucha, la ideología y la línea correcta, todo aquello era absolutamente nuevo. Pero tampoco iban a contentarse con esas vivencias enrolladas pero sencillas. Su mente elucubrante, rabiosa tras tantos años de «nene no hagas eso, nene no hagas aquello», intentaba en muchas ocasiones ir más lejos de aquella vacilada placentera y semiclandestina. Además la sensación de ilegalidad era muy intensa y uno no podía abandonarse tranquilamente a esos placeres sencillos a no ser que estuviera protegido por una buena cantidad de plata, por una buena posición social. Los que disfrutaban de esas condiciones fueron los que más yanquis se hicieron, los más orientalistas, californianos, proclamadores del nuevo «bien vivir». Como Luis Racionero y M.ª José Ragué, que a la vuelta de su estancia en Berkeley se autoproclamaron profetas del nuevo y beatífico rollo salvador del mundo (del mundo burgués). Algunos otros intentaron practicar todos estos aspectos placenteros y sencillos del rollo, sin dinero y a costa de lo que fuese, haciendo de ellos su forma de vida. Rompieron con todo y se largaron. En Formentera se instalaron unos pocos, rodeados de yanquis y holandeses mucho más ricos que ellos. De todas formas casi ningún barcelonés alcanzó la beatitud casi tonta de algunos de los hippies extranjeros que veíamos por aquí. Llevábamos detrás demasiada carga como para eso. Los placeres, la sencillez, los ropajes amplios y cómodos, la fraternidad, la no-obligación de hacer cosas «importantes» o de provecho, el ocio y el arte, todo eso lo intentamos y en buena parte lo conseguimos, pero acompañándolo siempre de cierta dosis de mala leche, de enfrentamiento con todo lo que nos rodeaba. Es muy diferente un estudiante yanqui con «pasta» que se va al campo, a un campo fértil y organizado, que disfruta de una beca o un seguro de desempleo, de un catalán pobretón, en un país fascista, que se va a un campo depauperado y seco, sobre todo en Formentera, donde para plantar una lechuga hay que extraer diez kilos de pedruscos y traer el agua desde una cisterna semivacía a trescientos metros. Toda esa dureza social, económica y política hacía que el abandono de los hippies catalanes fuera relativo. Un ojo abierto y otro cerrado. Dobles vidas. Y para aguantar en eso había que montarse un rollo mental fuerte, tan fuerte como la vida misma que estábamos llevando. Y lo necesitábamos también porque siempre habíamos tenido un rollo mental o ideológico con que reforzar o justificar nuestra actitud rebelde. La gente que procede de ambientes proletarios o delictivos de toda la vida se hace dura desde que nace. Los que nos hicimos «malos» procediendo de familias un poco más ricas y biempensantes, hemos tenido que endurecernos aceleradamente, dándole muchas vueltas al «coco». Por eso los freaks y los hippies no se limitan a vivir una vida diferente de la que tenían. Y para eso nada más adecuado que el LSD, que no tardó en aparecer. Hasta entonces se leían cosas, novelas, libros orientales, noticias de los hippies, se vacilaba mentalmente, había varios profetas iniciales y un par de músicos del rollo. Pau Riba y Sisa. Conciertos minoritarios en parroquias y colegios. Alguno en la universidad ante la ira de los politizados (Pau Riba insistiendo casi tres cuartos de hora con «S'ha mort la besàvia»). Pero en fin, toda esa época entre el 67 y el 70, fue la época de las minorías, del chocolate, del hippismo vacilón y clandestino. En el 69 se abrió Les Enfants Terribles, local que recogió a toda esa heterogénea masa antes de su dispersión con la llegada de nuevas promociones y con la salida a la superficie del rollo a base de los conciertos del Iris organizados por el bocacciano Regàs.

«Star», 24 (1977), pp. 22-24

3. 1970: ALUCINADOS EN MASA

Alucinados en el sentido más literal: fascinados por imágenes, ideas, delirios y músicas psicodélicas. El LSD corría de mano en mano, rodeado de misterio y euforia. Los primeros grupos de hippies fumadores de hierba y chocolate, mezclados con grifotas, se vieron ampliados en número y en rollo por sucesivas oleadas de alucinados. La culminación y también el inicio de la desaparición de aquel ambiente hippie-grifota se dio a conocer con Les Enfants Terribles, antiguo bar de camareras, cerca de Conde del Asalto, que se modernizó y recogió toda la clientela hippie del Jazz Colón. Les Enfants abrió en el 69 y tuvo un rápido auge. El dueño y la policía controlaban el asunto y la selección del personal era bastante rigurosa. Los «antiguos», los veteranos del rollo, eran aceptados porque sabían mantenerse a ese nivel de equilibrio entre lo legal y lo ilegal que allí se requería. Gente que controlaba bastante el efecto de lo que hubiesen fumado o bebido y que estaba acostumbrada a hacer frente a cualquier situación de peligro fuese cual fuese su situación digamos espiritual, reaccionando con discreción, rapidez y serenidad. Los muy novatos también entraban porque su ingenuidad era garantía de no peligrosidad. Los que estaban a mitad de camino, desmadrados y yendo a más aceleradamente, esos eran los más vigilados y los más desconcertados. Se habían lanzado ya al rollo y se encontraban con gente veterana por un lado, hermética, con secretos y complicidades sólidas y algo impenetrables, y por otro lado con jovencísimos demasiado verdes todavía para su gusto. Entonces enloquecían un poquillo, en parte por lo que llevaban encima y en parte para demostrar su nivel de pasada a los «antiguos» y a los novatos. En fin, el clásico rollo de buscarse un lugar dentro de un territorio nuevo, como pasa en casi todas las discotecas, solo que allí todo era más alucinado. «El Indio» disfrutaba como un animal combinando músicas más y más enrolladas hasta conseguir el clímax entre el personal, entregado a un baile enrollado, personal, intransferible, íntimamente sentido y exteriormente alocado. Al Indio acabaron deteniéndole en el mismo local aunque no se pudo demostrar que traficase con droga allí. Todos guardamos un recuerdo agradable de la viveza andaluza-psicodélica del Indio.

Todo aquel mundo empezó a romperse o más bien diluirse con la llegada de mucha más gente. Los estudiantillos de bachillerato o de primeros años de universidad se encontraron en el 70 con una universidad destrempada, con una extrema izquierda agotada que iniciaba un proceso de reconversión hacia posturas más serias y tradicionales... y con un rollo «raro», fricado, hipoide, alucinante que corría por ahí. Los que se pasaron a esto último lo hicieron aceleradamente. El camino ya estaba abierto. Las Ramblas, Formentera, los pisos multitudinarios y hasta algunos profetas conocidos. Aparte de Sisa, Música Dispersa y Pau Riba, que en ese momento estaba llegando a lo más alto de su enrollada hippiosa, aparecieron varios padrinos espirituales. Racionero, en plan fino, volviendo de California, Damià Escudé, filósofo ampurdanés, la llamada «Cofradía del Vino» (grupo de intelectuales simpatizantes o curiosos del LSD y cía.), el «Tercer Frente de Liberación Universal» que lanzó el «manifiesto de la soledad» (un rollo de lo más interiorista y psicodélico), la librería Trilce, donde se daban cita intelectuales simpatizantes del rollo y freaks pasados para ojear libros extraños y películas underground. Alguna de esta gente apareció de repente en una especie de entrevista colectiva del *Tele/eXpres*, creo que debió de ser en el 71. Los periodistas no ligaron nada y los entrevistados tampoco demasiado. Se hablaba allí del LSD, de los Panteras Negras, del subconsciente, del amor, etc. El diario tuvo el mal gusto de hacer una introducción en la que se advertía que todo aquello a lo mejor no era más que «el delirio paranoico de unos drogadictos». Con todo este tingladillo montado, el estudiantillo que se sentía «a la contra» y que no hallaba su lugar en la lucha política estudiantil, que entonces estaba amuermadilla, podía conectar rápidamente con los «raros» y adquirir todo su rollo velozmente, sobrepasándolos incluso en cuanto a desmadre. Llegaban más frescos y lozanos. Rápidamente LSD y enrollada cósmica y vacile chocolatero y dibujitos y sandalias de cuero, anillos y lo que fuese. Todo a la vez. Los «antiguos» quedaron sorprendidos cuando se celebró el festival permanente del Salón Iris, en 1971, con todos los grupos «progresivos» del país, con masiva asistencia y vestimentas raras en cantidad. Coincidió con la campaña contra los procesos de Burgos en los que se pedían penas de muerte para varios tíos de ETA. La policía estaba alerta y hubo palos en cantidad a la salida de cada concierto de Pau Riba, Smash (andaluces), Pan y Regaliz, Sisa, Tapiman, etc. El olfato comercial-cultural-monopólico de Oriol

Regàs, el de Bocaccio, no había fallado. Como no falló más tarde cuando empezó a traer a los ídolos extranjeros, que de momento permanecían en un mundo muy lejano, al otro lado de unos Pirineos y unos mares que separaban cantidad. Quizá eso fue una suerte. El rollo no se pudo importar comercialmente por desconfianza de los capitalistas del espectáculo y por dificultades legales. Los de fuera quedaron fuera y aquí el rollo nos lo montamos nosotros por nuestra cuenta. Y así salieron músicos locales enrolladísimos, quizá eran malos en plan técnico, pero muy agarrados a la gente que les rodeaba y les animaba. Como el Cromo, con su flauta por los metros y por los festivales, haciendo la guerra por su cuenta, y como tantos otros que cuando llegaron los grandes ídolos (que llegaron cuando ya casi habían dejado de serlo) ya tenían su rollo montado y aguantaron y siguieron y hoy tenemos una música mucho más nuestra que la de otros países europeos arrastrados por la moda yanqui o inglesa. Aunque aquí hay mucho que decir y eso ya vendrá más adelante.

Las nuevas generaciones, las que pasaron directamente de papá y bachillerato a hippismo y LSD, las que formaban ya pequeñas masas en los conciertos, despertaron el interés de gente más vieja, que en el momento del primer hippismo-grifota se habían enterado de algo pero habían continuado con su política, con su carrera universitaria o con su empleo, algo decepcionados por la hostia que recibió la extrema izquierda loca de los años 67-70, esperando algún tipo de resurrección de aquello (que se dio pero en plan más seriecillo y civilizado) y sintiéndose alejados al principio de aquel rollo hippie clandestino, barriobajero, duro, cerrado. Se mantuvieron a la expectativa durante algún tiempo. Cuando la cosa iba más con el LSD, con las masas de jóvenes, con la salida a la superficie en los festivales, con el insólito concierto de Pau Riba en el Price (vestido de rojo eléctrico, con una moto atravesando a toda castaña el pasillo de platea), con el interés de algunos intelectuales como Giménez Frontín y Enrique Sales hacia el asunto, con todo eso, aquellos exizquierdistas que habían quedado al margen de todo pero curiosos de todo, que ya estaban «montados», es decir con título y empleo o casi, renovaron su interés y decidieron probar algo. Sobre todo, no sé por qué, los arquitectos (siempre a punto para estéticas novedosas y originalidades) y los médicos (quizá por interés profesional, algunos, y por ganas de marcha los más). Arquitectos y médicos se pusieron de repente a fumar y a tomar LSD. Con todo el rollo que llevaban a cuestas, medio roto pero ávido de más datos, el LSD produjo en ellos efectos de la mayor importancia. La gente más metida en el rollo le daba al «ácido» una importancia ritual e incluso simplemente vacilona (eso los más ligados a gente del chino). Pero los intelectuales y profesionales y médicos se tiraron las grandes paridas. Se reunían para discutir el asunto. Escribían papeles y reflexiones. Desde el punto de vista perceptivo y estético, desde el punto de vista psicológico-espiritual, desde el punto de vista de conocimiento de la naturaleza, desde el punto de vista de las relaciones entre los «tripantes». En fin, muchos puntos de vista, gran impacto y el LSD siempre escapando a toda definición. Los «antiguos» también se enrollaban cantidad. En plan más místico, cósmico, etc. Los libros de Jung hacían furor, el inconsciente colectivo, las máscaras, el rollo hacia dentro, hacia dentro, hasta el centro de la tierra. Pero también por aquí el ácido se escabullía. Ninguna explicación, definición, descripción satisfacía del todo y en todo caso duraba poco. Cada trip era un mundo nuevo. Precisamente los que peor lo pasaron fueron los que pretendieron coger el ácido y decir: «Ya te tengo, ya te conozco, ya sé lo que eres y lo que yo soy cuando te metes dentro de mí». Tarde o temprano se llevaban alguna sorpresa. Y alguna de esas sorpresas, que destruían lo que el «experto» había definido, a veces destruían también al mismo «experto». Sobre todo si no era suficientemente ágil como para cambiar de rollo, aceptar que pasaban cosas nuevas. Si continuaba aferrado a sus esquemas y si esos esquemas eran muy importantes para él, al derrumbarse arrastraban a toda su persona en la caída. No estoy hablando de un «horror-trip». Eso es algo por lo que todo el mundo pasa alguna vez. Estoy hablando del horror con o sin trip que produce la rotura de esquemas para aquella gente que en un momento dado piensa que sus esquemas son lo más importante, olvidándose de la vida, de la gente, de todo. Tarde o temprano la vida, la gente, la naturaleza, el sexo, las pasiones le saldrán por algún lado. Y a veces podía pasar, puede pasar, que un ácido haga ese trabajo, como podría hacerlo cualquier acontecimiento que rompa esquemas. Y también puede pasar que el ácido sirva para reforzar esquemas fijos si alguien se empeña en ello. Y que esos esquemas se rompan con algún otro ácido o se rompan solos. Y quien dice esquemas fijos dice obsesiones, bloqueos, manías, o lo que sea. Total que el ácido actuó en cada uno a su manera. Pero tampoco voy a ser tan neutro como para decir solamente esto, solamente que cada persona es diferente y que eso no lo cambia el LSD. El LSD se tomaba en grupo, en medio de una sociedad muy represiva, producía complicidades o las destruía, pero creaba en todo caso un rollo importante. Y esa posibilidad, eso de que «cualquier cosa puede pasar», esa libertad brusca, en medio de una sociedad en la que por definición «nunca pasa nada», eso a veces daba un poco de miedo. El contraste era muy gordo, señores. Mucho más de lo que pueda serlo ahora, aunque la verdad es que el ácido afecta a cosas suficientemente fuertes como para que esa amplitud de la conciencia que produce continúe siendo por muchos años como un traje muy grande para circular por un mundo muy estrecho.

A pesar de todo, el LSD es una droga. Se toma. Se deja. Empieza y acaba. Pasan muchas cosas, cambian muchas cosas, se rompen muchas cosas, aparecen otras, pero en fin de cuentas es una droga. En cambio, el mundo está ahí, siempre. No sé si algún día el mundo será tan ancho como para que la vida sea un trip real libre. De momento la vida es un trip, aunque no muy libre. La libertad hoy por hoy se paga cara dentro y fuera de uno mismo. Dentro por toda la estrechez que nos han metido y fuera por los palos que te pueden caer. Con el LSD varios miles de barceloneses han aprendido esto. Han sentido toda la grandeza del alma y del mundo y del cosmos y toda la miseria del alma aprisionada, del mundo hostil, del cosmos olvidado. Todo a la vez mezclado dentro de cada uno. En cierta manera lo mismo que los borrachos eternos del barrio chino que pueden demostrar la más alta limpieza de espíritu y la más terrorífica miseria humana, viviendo dentro de ellos todo lo magnífico y todo lo asqueroso que hay fuera de ellos, rodeándoles.

En fin, para quien quiera conocer los detalles del asunto, diré que en aquellos momentos el LSD llegaba de muy diversas maneras, casi siempre en pequeñas cantidades, de Ámsterdam o de Nueva York. Pequeñas pastillitas de colores diferentes, papel secante impregnado y cortado en cuadraditos, triangulitos de papel envueltos con cinta adhesiva, etc. La dosis considerada normal era de 250 microgramos de LSD por toma, aunque más tarde se puso de moda pasar de los «grandes trips» y tomarse mitades, cuartillos o tercios, así, para darse un toque de cara a algún acontecimiento especial: festival, fiesta, luna llena. El precio «al por menor» oscilaba entre 150 y 250 pesetas. Los efectos entre seis y doce horas. Había grandes discusiones en torno a la calidad de cada remesa que llegaba. La preocupación de todos era la anfetamina (speed) que pudiera contener cada tipo de ácido. Los estudiantes, hippies antiguos y profesionales buscaban LSD puro, pero raramente lo conseguían. La mezcla con anfetamina, para dar mayor «patada» al trip, era lo más usual. Casi todos los vendedores lo vendían así y los vacilones del chino y los freaks «espitosos» (de *speed* igual a velocidad, estimulantes, anfetaminas) lo preferían también así. Solo de vez en cuando llegaba algún hippie extranjero al viejo estilo, pacífico y buen vividor, que proporcionaba LSD puro, que resultaba más tranquilo, más lento aunque no menos intenso en cuanto a los fenómenos de percepción, viaje mental, afloraciones de afectividad inconsciente, «energía», etc. El speed, la anfetamina, añadía a todo eso una vibración interior constante, una marcha increíble, una duración de las posibilidades perceptivas del ácido. Al acelerarse todo, muchas cosas quedaban fuera de alcance. No se podía comer. (El speed elimina el apetito, como se sabe. De hecho, buena parte de la adicción a la anfetamina viene de las pastillas para adelgazar, los bustaids y minilips que adelgazan a base de eliminar el hambre, no dando al cuerpo ni el tiempo de sentirla.) Es posible que la visión del ácido que ha quedado en mucha gente de aquellos años (y supongo que la cosa debe de seguir igual) esté muy condicionada por la adición de anfetamina a los trips. Algunos sectores de hippies yanquis hicieron campañas contra el speed, campañas a las que nosotros prestábamos la mayor atención. Y yo, personalmente, continúo pensando que la anfetamina es un desastre para el cuerpo y el alma, que es lo que de verdad fastidia, que es lo que causa estragos entre los freaks. Se llegó a decir que el speed era cosa de la CIA para joder el invento, como también se decía que el FBI favorecía la introducción de drogas duras entre los núcleos de fumadores de hierba y viajantes psicodélicos de LSD, para deshacerlos, para acabar con lo que de positivo, no peligroso a nivel físico y psicológico, tenían esas dos drogas que pasarán a la historia como las dos más ligadas de verdad al movimiento hippie más auténtico, innovador y molesto para el sistema. De hecho, recientes investigaciones yanquis de lo más supercientífico y serio no han podido demostrar la peligrosidad real de esas dos drogas, en especial de la marihuana. La revista médica española *Jano* ha publicado recientemente un informe yanqui que reafirma la conocida inofensividad de la «hierba».

La realidad es que en Barcelona no nos pudimos librar del todo de esa plaga anfetamínica. Los trips llevaban nombres curiosos según su procedencia, color y características. En los 70-72 se apreciaban los «Window Open» (ventana abierta), los «California Sunshine» (sol de California) y los «Orange trip» (viaje naranja).

Algún catalán consiguió LSD puro, en líquido, y lo vendía a gotas sobre papel o sobre lo que el comprador quisiese. Y lo cierto es que muchos querían la gota metida dentro de una pastilla anfetamínica. Al principio, los trips se tomaban en grupo, procurando rodearse de un ambiente agradable y a ser posible en el campo. La comunicación con la naturaleza resultaba esencial. De repente, algún triposo se daba cuenta de que entendía a las vacas, de que percibía el calor de la tierra de noche, cuando desprende el que ha acumulado durante el día, o se quedaba horas y horas fascinado por el movimiento del mar. Las salidas de sol eran el gran tema final. Una bola roja quemando, vibrando. Y, hablando de vibrar, la percepción de las «vibraciones» de la gente se volvía aguda. Se podía adivinar a distancia, y más que adivinar, ver la «onda» que llevaba cada uno en cada momento, simpatías, paranoias, magnificencias, exaltaciones, fascinaciones. Las caras de la gente, tanto de los que tripaban en grupo como las de la gente ajena con las que tropezaba el tripante, resultaban extremadas, caricaturescas, terriblemente expresivas de lo bueno y de lo malo, adquiriendo formas prototípicas: payaso, vampiro, tigre, mesonero medieval, profeta, vieja cosiendo, gorrión. El LSD tenía algo de devolvernos a las raíces, a las formas que desde siempre llevamos dentro, a la tierra y al cielo que siempre han estado junto a los hombres que la han habitado, a una especie de «energía», sus significados y sus usos, era el tema central. Cuando, después de los primeros trips, alucinantes, la gente empezó a teorizar y a intentar utilizar o explicar el ácido en un sentido u otro, salió tal cantidad de explicaciones, cosmovisiones, filosofías, interpretaciones que sería imposible resumirlas o ni tan solo recopilarlas sin un trabajo de dos años y miles de páginas. Aunque, como decía al principio, ningún esquema aguantó mucho tiempo. Todos los triposos reconocen lo de las máscaras, lo de la energía, lo de la vuelta a las raíces, lo de la percepción directa, concreta, despojada de tintes culturales o ideológicos, lo de la salida a la superficie de cosas inconscientes en cada uno. Y poca cosa más. ¿Resultados a largo plazo? Mutis. Reconocimiento de que la cosa sigue siendo un misterio, un misterio más o menos conocido, pero misterio al fin y al cabo. Los triposos habituales de entonces dejaron de tomar trips de la forma asidua y casi sistemática con que lo hacían. Los efectos más sorprendentes a primera vista ya iban siendo conocidos, los misterios de fondo iban afirmándose como tales, inaprensibles. Aquella gente hoy en día tripa más bien poco. En ocasiones especiales, en momentos vitales propicios, a veces como una especie de meneo interno higiénico, cuando hay demasiadas cosas acumuladas y confusas, y la mayor parte de las veces para participar más intensamente en algún acontecimiento especial, sobre todo en plan vacileo.

En aquellos años hubo ocasiones de concentración de «vibraciones triposas» que resultaban de lo más exaltante. Casi no cabían, mucho trip junto en un festival se notaba nada más entrar. El Festival de Granollers marcó el primer jalón histórico de este tipo de cosas y resultó muy representativo de lo que estaba pasando. Fue a finales de la primavera de 1971. Era el primer gran festival al aire libre, venía (¡por fin!, pensaban algunos) un grupo extranjero: Family. Y todos los grupos locales llenando las horas y horas previas. Un presentador bien trabajado que fue permanentemente abucheado. Todas las tribus de hippies y freaks se dieron cita allí. Grupos de la Floresta, Castelldefels, gente que venía de Formentera para la ocasión, arquitectos y médicos psicodélicos, los snobs curiosos, que llegaban a medio festival a dar una vuelta como quien va a Bocaccio a tomar unas copas, bandas de barrio y hasta madrileños y andaluces en peregrinación hacia la Cataluña psicodélica. (Aunque cuando estuvieron por aquí la mayoría de madrileños consideró que los catalanes estábamos muy enrollados pero que nos faltaba marcha. Desde luego ellos no paraban.) Recuerdo que la gente de las afueras de Granollers, ya casi en pleno campo, miraba sorprendida la larga e interminable fila de extraños personajes que desfilaban hacia el rudimentario campo de deportes que había sido escogido como lugar. Los naturales del lugar comentaban: «*Aquests no deuen ser hippies de veritat, caminen massa de pressa*» («Estos no deben ser hippies de verdad, andan demasiado rápido»). Todavía la imagen popular del hippie era la del vagabundo pacifista de amor y flores. Y de esos ya empezaban a quedar pocos. Ya he dicho en artículos anteriores que este hippismo de amor y flores era difícil en este país, donde no había ni plata sobrante, ni tolerancia, ni una agricultura apta para recibir a nuevos granjeros. Los hippies granjeros de Cataluña y de toda la península, y no digamos ya los de las islas, las han pasado canutas para sacar algo de plata de la tierra. Y está además toda la mala leche acumulada, los orígenes izquierdistas y barriobajeros del asunto. En fin, los que llegaban a Granollers no iban repartiendo flores. Iban a reafirmarse a sí mismos, a pasar de todo en cantidad, a vacilar... y a tripar. Porque la gente con LSD en el cuerpo era mucha. Como también eran muchos los guardias civiles que rodeaban completamente el recinto y formaban una estrecha doble fila a la entrada, un pasillo verde obligatorio por el que atravesaban mentes alucinadas, mirando fijamente la nuca del compañero que desfilaba delante de él. Un numeroso grupo de «puristas» triposos se quedó fuera, instalándose a algunos centenares de metros en la hierba del campo cerca de un río, e hicieron el amor y se lo pasaron muy bien oyendo la música desde lejos. Dentro la efervescencia era intensísima. Mucha gente adivinaba en las caras y en las vibraciones de los otros el estado triposo general. Se encendieron fogatas y porros. La música iba y venía. Había pequeños conciertos entre la gente tirada abajo. Al amanecer hubo el momento hermoso en el que la bajada del trip y la salida del sol se mezclan en un semisueño cansado, tranquilo y emotivo. Family, con su avión especial y sus miles de vatios, tardaba en llegar. La gente empezó a inquietarse, la gente que esperaba al ídolo. Los grupos de triposos se lanzaron a hablar. Nada de Family, que se vayan a la mierda con sus aparatos. Nosotros nos lo pasamos la mar de bien sin ellos. Asambleas, discusiones. Cuando llegó Family más de la mitad de la gente había decidido boicotearlos y empezó a largarse cuando empezaban a tocar. Algunas botellas de cerveza y muchos objetos llovieron sobre el escenario. Family se negaba a tocar en aquellas condiciones. Yo me fui carcajeándome suavemente, terriblemente cansado, andando despacio, muy despacio. Los naturales debían de pensar: ahora sí que parecen hippies. Y en cierto modo era verdad, al salir éramos más hippies que al entrar.

«Star», 26 (1977), pp. 14-17

4. REPRESIÓN, FORMENTERA, FLIPADA. 1972...

La primera generación de freaks barceloneses, los que empezaron a enrollarse por la vía rara hacia 1967-68, llegaron al máximo de su clímax psicodélico hacia 1971-72. Un ciclo de cuatro a cinco años durante el cual habían pasado del Preu recatado a la parida cósmica, pasando por la política, la grifa, la tribu y el LSD. De los dieciocho a los veintitrés. A partir de entonces la cosa cambió. Ya no estaban solos, salía gente nueva por todos lados, más jóvenes y también más viejos. Viejos de treinta años que miraban hacia atrás e intentaban recuperar su primera juventud perdida en la oficina, la universidad o el partido. Al llegar al clímax llegaron también al inicio de la bajada. El descenso fue duro para algunos y positivo para otros. En el 71 se organizó el Festival de Granollers, salió el Tercer Frente de Liberación Universal, los catalanes formaron un núcleo consistente en Formentera, el LSD estaba a la orden del día, Pau Riba había dado el golpe el año anterior en el Price, los festivales del Iris no habían tenido consecuencias posteriores. Los trips y sus temas empezaban a repetirse y parecía que toda aquella energía no encontraba salida al exterior. Casi todo quedaba dentro. En el 72 Sisa organizó el último coletazo público, el «Darling Sisa», en el Iris. Pero ya la cosa iba por otros caminos. La familia Manson fue tomada como pretexto para desencadenar una campaña antihippie en todo el mundo. En el diario *ABC* de Madrid se denunciaba la presencia de indeseables drogadictos, violadores de menores nudistas en las playas baleáricas. Las nuevas generaciones hippies nacían en un ambiente aparentemente más abonado, más amplio, pero realmente más represivo. Se radicalizaron rápidamente. En el bar London de la calle Conde del Asalto se reunían los hippies frustrados y perseguidos. Sus intentonas poéticas, mágicas, libres, se veían cortadas por todos los lados. Y se formaron grupos libertarios, anarquistas, radicales («Estudiantes Libertarios», «Marginados Radicales», etc.).

Si la primera promoción había pasado de la política radical al hippismo, las siguientes hicieron el camino inverso: del hippismo más entregado a la política radical, al freak-político, al anarquista inquietante. Recibieron muchos palos. La primera promoción había heredado los usos y costumbres de la clandestinidad y la prudencia de su anterior militancia política y los había conservado al observar su aislamiento. La segunda promoción se lanzó de buenas a primeras al hippismo: el típico hippie descarado de la Plaza del Rey, sentado fumándose porros, pasándolos a desconocidos compañeros, las concentraciones de «tripantes» en masa de las Ramblas en medio de la mayor confusión propia y extraña. Coincidieron con un ambiente antihippie y con una represión más eficaz. La Guardia Civil organizó la famosa «Brigadilla» compuesta de agentes y colaboradores peludos, pseudohippies, que compraban o vendían «mierda» por todas partes, fichando al personal en cantidad.

Y cayeron los palos. La redada de Cadaqués, masiva, los registros de pisos de forma simultánea, la persecución de menores de edad, los encierros sorpresa en las Ramblas, la actividad de la Interpol en Ibiza.

La primera promoción aguantó bastante bien porque ya estaban de baja. Muchos de viaje por el extranjero, otros en Formentera, unos cuantos buscándose la vida de formas más legales, y bastantes más flipadillos tras su vertiginosa ascensión lisérgica. Los intentos de instalarse a un nivel de trip alto y a la vez manejable y cómodo, conocido y manipulable, fracasaron. Había que bajar para después volver a subir, a subir de otra manera que ya explicaré más adelante. Desde luego no soy de los que piensan que el rollo empezó, se acabó y no ha pasado nada. Ha pasado mucho y la cosa continúa hoy en día como ustedes pueden ver y verán. Solamente hablo de un ciclo determinado e histórico de la vida de una gente que hoy continúa viviendo y haciendo. Son minoría escasísima los que acabaron renunciando a todo e intentando emprender una «vida normal». En todo caso solamente aquellos que en su momento más flipado (es decir, perdido, desorientado, caído en el vacío o en un lleno de confusión) se dejaron atrapar por los gurús de diversa índole que acechaban por doquier en busca del «pobre perdido» para enseñarle la «verdad» y la forma de trabajar y ser serio de una forma alegre y entregada a la organización (que sacaba sus buenos beneficios de tales operaciones, como lo demuestran los pleitos fiscales y financieros habidos entre varios de esos gurús).

En varias ocasiones ha salido Formentera por estas páginas vagando como un fantasma absorbedor. Voy a entrar en Formentera ahora más de verdad y así quedará mejor explicado además el ciclo 68-72 del que hablo. Formentera tiene 17 kilómetros de largo. El kilómetro cero es el puerto, al que se llega desde Ibiza en la *Joven Dolores*, antes, o en la *Tanit* y sus hermanas ahora. Cerca del puerto hay zonas turísticas, más adentro la capital, San Francisco, con un gran saliente desértico a su derecha, el cabo de Barbería. Siguiendo la carretera principal se forma un istmo, un paso estrecho, con playas y calas a lado y lado. Luego la carretera sube y sube hasta llegar a la gran meseta final, La Mola, tierra de promisión y de reclusión de hippies y freaks. El único núcleo importante de población de La Mola es El Pilar, unas cuantas casas al lado de la carretera: tres bares que a la vez son colmado y correos, la iglesia y se acabó. Al final de la carretera, los acantilados y el faro. Los americanos y nórdicos llegaron en plan hippie hacia el 65-66. Gente limpia, sonriente, con teorías y prácticas de una nueva salud física y mental. Tenían casas alquiladas por cuatrocientas al mes como máximo. Iban y venían de Marruecos o Afganistán. Se hacían visitas entre sí y acogían con esmerada simpatía al forastero. Los nuevos que iban llegando se instalaban primero en la playa, vivían y dormían allí hasta que por cansancio o por expulsión de la Guardia Civil se agrupaban para alquilar casas en La Mola, el terreno más alejado, más incontrolable y disperso. Para suministrar a los de la playa lo mínimo indispensable para comer y beber se montó el Blue Bar, punto de reunión de los hippies-sin-casa. Algunos catalanes llegaron por allí hacia 1968, en pleno apogeo yanqui-nórdico-sonriente. Se acoplaron más o menos a los rituales, pero no por mucho tiempo. Eran diferentes. Además la Guardia Civil y los propios campesinos mostraron hacia los catalanes una hostilidad que nunca habían utilizado con los extranjeros. Se empezó a formar una extraña red de relaciones. Los payeses alquilaban casas, la Guardia Civil exigía la inscripción en un registro especial de los habitantes de cada casa alquilada y presionaba a los payeses a no admitir más de un número determinado de hippies en cada una.

Los payeses no podían evitar que las casas se llenasen más de lo permitido y entonces dudaban entre denunciarlo a la Guardia Civil o intentar cobrar más para compensarse del riesgo que corrían si la Guardia Civil registraba una casa y hallaba más elementos de los inscritos. La Guardia Civil de vez en cuando clausuraba alguna casa, sellándola y prohibiendo su habitabilidad durante uno o dos años.

Los payeses no sabían si enfadarse con la Benemérita o con los hippies. Los catalanes eran más perseguidos, se pedían fichas a Barcelona, eran más hábiles a la hora de discutir los precios, alquileres y leyes. En fin, eran más incómodos. Todo el asunto se basaba en teoría en una Ley de Salubridad e Higiene Pública que prohibía el amontonamiento de gente en las casas. Nosotros pensábamos con cierta amarga ironía en las masas de realquilados apretujados en el barrio viejo de Barcelona, en los bloques de tres familias por piso de los barrios obreros. A los extranjeros como máximo se les expulsaba, a los ibéricos se les hacía pasar por cuartelillos y juzgados. Al principio de la llegada de catalanes e ibéricos diversos a la isla, los americanos dominaban el asunto, sobre todo en cuanto al tráfico de «mierda». Se lo tenían muy montado, los tíos. Y había excedentes a repartir gratis entre todos. En el 71 muchos de los elementos representativos de aquella primera promoción de freaks barceloneses estaban en Formentera. Ya habían estado antes esporádicamente, perdidos entre la mayoría yanqui. Ahora formaban ya un núcleo más numeroso, más fijo, con sus propios ritos. Pau Riba y Mercè Pastor, tras la obligada estancia en la playa, ascendieron a La Mola y se instalaron, como muchos otros para los que la playa resultaba una sucesión de persecuciones y huidas. Xavier, el eterno granjero, vivía a su lado. Parieron allí a sus primeros hijos sin médicos ni comadronas, a la luz de las velas y con el agua de la cisterna, lo que les valió cierta reputación de brujos entre los payeses que ya se habían acostumbrado a parir en las clínicas de Ibiza. El profeta ampurdanés, Damià, rondaba por allí tramando maniobras político-cósmicas. Un servidor se fue para allá con Ana y se flipó tremendamente a los cuatro meses, en pleno eclipse de luna. Las cosas se ponían algo durillas. Nada más llegar a la isla en aquel mi tercer y más decidido viaje me fui a una barraca en el kilómetro 9, abajo. Un amigo catalán y un escocés enloquecido se liaron. Brian, el escocés, quería matar a Quique con un hacha. Cuestión de mujer. Quique esquivó el golpe y el hacha le rozó la muñeca, en la que todavía le queda la señal. Yo venía del Festival de Granollers, de la culminación del hippismo barcelonés. Aquello ya era un síntoma. Llegaron más catalanes. Unos se trajeron a su madre, cansada de un marido opusdeísta. La agradable señora hacía chocolatadas para todos y se montaba sus historias. Un viejo francés buscador de agua y vibraciones a base de péndulo le iba detrás. Los viejos hippies se cerraron sobre sí mismos ante la oleada de ibéricos. Los franceses se instalaban en las pocas pensiones que había (la Fonda Pepe) y daban toda la bronca que podían como es usual, sin mezclarse demasiado con los fijos. Los catalanes intentaron montarse su propio aprovisionamiento de chocolate con suerte diversa. Cogieron a tres y los mandaron al juez de Ibiza, que como de costumbre y para mayor desesperación de la Guardia Civil, pasaba bastante de todo. Estaba harto de expedientes y casos y se los sacaba de encima como podía. Lo fastidiante era la Peligrosidad Social, que caía a posteriori sobre todo ibérico absuelto en Ibiza. Como saben ustedes (y si no deberían saberlo) la Ley de la Peligrosidad Social no se basa en delitos probados sino en conductas. Por conducta extraña, vagancia, inmoralidad, «cinismo público»

(¿?), homosexualidad, presencia en ambientes delictivos, actitud delictiva «en potencia», etc., podían caerte y pueden caerte todavía diversas penas de cárcel, destierro, confinamiento, presentación regular en comisaría, demostración de un año seguido de trabajo fijo y si no destierro, etc. Todo ello independientemente de las sentencias de contrabando (multa) y atentado a la salud pública que corresponden propiamente al tráfico de drogas. Así, si uno salía librado de estas dos últimas cosas o si cumplía con lo sentenciado, encima le caía el juicio de Peligrosidad Social. En fin, una ley que es una joya.

El ambiente, pues, se ponía duro y los antiguos americanos empezaron a desaparecer o en todo caso a cerrarse en banda y desconfiar de todo bicho con pinta de latino. Aunque no todos. Todavía está en Formentera el eterno Toni, americano bajito y moreno (¿será por eso?) que se relaciona con todo el mundo, seguido de su escuadra de perros bastardos. En teoría se está haciendo una casa y trabaja de paleta para ganar el dinero, la práctica y el material para hacerse la casa esa. Pero lleva más de ocho años en Formentera y me parece que todavía no se ha hecho con la casa. Hacia el 72-73 llegaron ya ibéricos de toda clase y condición, a ratos. El alcohol empezó a correr como pasó también en Barcelona y en Nueva York y en donde quieras. El puritanismo inicial de los hippies respecto al alcohol se acabó. Los trips interiores en bajada, la represión aumentó, el dinero en descenso (hasta los nórdicos empezaron a tener menos dinero), la vida dura. Todo ello favoreció la salida del trip exterior, desmadrado vinícola. Moscatel y hierbas se empezaron a consumir en el bar de la Catalina y el Miquel a litros. Los payeses aquello lo entendían mejor y al mismo tiempo les daba motivo para modificar la visión que de los trips tenían. Antes eran unos personajes misteriosos y un tanto distantes (aunque los payeses todavía eran más desconfiados y distantes). Ahora con el vino y el desmadre los freaks aparecían como juerguistas, y por tanto más entendibles y más despreciables quizá. Cuando algo no se entiende se puede desconfiar, admirar o temer. Cuando se entiende por fin se puede decir: al fin y al cabo esta gente son como los borrachos y juerguistas que cada pueblo del mundo tiene. Tanto rollo y mira lo que son. Y al mismo tiempo eso llevó a una mayor confraternización entre freaks e indígenas. Porque indígenas que beben vino, naturalmente, hay muchos. Hoy en día el desconfiado Miquel del bar de la Catalina, en La Mola, se tira la juerga con los freaks. Y el cura y el «dinamita», que en su tiempo habían montado una banda de apalizadores de hippies, hoy pasan de todo. Al cura lo intentó destituir el obispo de Ibiza, por razones que no quiero mencionar para no insistir en la miseria de aquel hombre. El cura (que no es el de La Mola, es de abajo) se negó a irse. Le quitaron el sueldo y trabaja de camarero y continúa diciendo misa los domingos si no me equivoco. El «dinamita», de la gasolinera, también pasa de apalear y se apunta a alguna juerga. Varios paletas ibéricos llegados para trabajos temporales a la isla se han quedado allí más hippies que cualquiera. Y, en fin, quedan por mencionar tres personas singulares: el Gabrielet, hijo de buena familia de Ibiza, que se pasó a escultor y padrino de hippies. Vive como un payés, invita a grandes comidas y se conserva fuerte a sus cincuenta años (más o menos). Hace comentarios en voz muy alta en el bar, replicando a la tele. Después el abogado barcelonés maduro, de melena gris, gran vitalidad, anfitrión de enormes fiestas hippies a la luz de la luna. Y el jesuita que enloqueció. Llegó a la isla y se fue a vivir al campo con las tribus-de-los-sin-casa, predicando amor fraternal. Fue bien acogido y ahora está al frente de una organización legal en Barcelona para acoger y defender a marginados y homosexuales.

Mientras las primeras promociones de hippies catalanes bajaban de sus grandes trips mentales a base de flipadas, desmadres, viajes al exterior en busca de nuevo aire, palos o marcha alcohólica, las nuevas promociones lo vivían todo a la vez: el gran trip, la flipada, la represión. Su ciclo fue mucho más corto. No tuvieron ni el tiempo ni la tolerancia ni la conducta clandestina que habrían necesitado para ser hippies. Y entonces lo fueron todo a la vez: hippies, perseguidos, ratas de ciudad, activistas, triposos descarados. No pudieron montarse un rollito propio a no ser que fuese en la calle. Los festivales «nuestros», como el de Granollers o los del Iris ya no eran posibles. Solamente algunos festivales póstumos de la primera generación. Como el Festival de Sants, de memorable significación. En medio del polvo del campo de fútbol desvencijado de un club de barrio Pau Riba y Toti Soler, electrificados en cantidad, se enrollaron muy bien y la gente bailaba enloquecida. Allí estaban los supervivientes de los antiguos y muchas caras nuevas que no tomaban aquello como cosa suya, pero que vacilaban lo que podían. Toda esa nueva gente quedó de hecho a merced de los grandes tinglados que pronto aparecerían. Los festivales con ídolo extranjero traídos por Oriol Regàs y su mafia divina. En el 72 se acaba el rollo inicial de la primera generación, mientras nuevas masas de freaks se lanzan a las calles pululando en busca de algún rincón seguro. Salen poetas y músicos, revistas (*La Muerte de Narciso*), embriones de grupos como lo que más tarde sería el *Rrollo Enmascarado*, todo al mismo tiempo muy descarado y reprimido. Los lugares de concentración, los cantantes representativos, todo eso brilla por su ausencia. En 1973 se abre el Zeleste que parecía iba a ser el centro freak número uno, aunque lo fue poquísimo tiempo. De eso hablaré más adelante.

Es necesario señalar un cambio significativo. Porque mientras los antiguos iniciaban todo un camino de bajada, desmadre y subida que duró al menos dos o tres años (72-75) y los jóvenes iban en banda, perdidos por las calles, salieron otros hippies. Sí, sí, hippies de ropas amplias, limpias, cuidadosas, semicampestres. La figura de Maria del Mar Bonet puede resumir un poco la imagen de esta gente. Gente contemporánea a la primera promoción, pero que se incorporaron más tarde tras esperar unos años a ver qué pasaba. Gente ya de veinticinco años o más que recuperaba su tiempo perdido (perdido en cuanto a rollo pero ganado en cuanto a plata). Habían acabado sus carreras, se habían casado, emparejado o lo que fuese, trabajaban, ganaban buenos o malos sueldos. Probaron el LSD manteniendo su posición pero modernizándose en plan hippie. Profesionales, arquitectos, médicos. Se compraron casas en el campo. Menorca era su lugar: una isla mucho más rica, civilizada, liberal, armónica, estética. Y así, mientras antiguos y jóvenes se fundían en una masa de freaks anónimos dispuestos a mucho pero con pocas posibilidades por el momento, unos nuevos hippies, mayores, más ricos, cuidadosos de su salud y de su estética, salían a flote. Algunos de ellos animaron y protegieron a los freaks-ratas-de-la-ciudad en sus intentos de expresión sobre todo a nivel artístico. El Zeleste viene a ser el resultado de ese apadrinamiento, el símbolo del contacto entre esos nuevos hippies mayores y los viejos y jóvenes freaks zarandeados por la vida y por la marcha que llevaban a cuestas. Un contacto no siempre fácil, que ha tenido muchos problemas, pero mucho más positivo sin lugar a dudas que el mercaderío mafioso de los grandes festivales importados, las grandes modas importadas, los productos vendibles a costa de la imagen freak y todos los intentos que vemos por comerciar en beneficio propio especulando con las ansias de libertad de la juventud.

Los freaks, pasando de todo para poder vivir su vida, se presentan a veces como víctimas fáciles de los que desde el tinglado comercian y especulan. Pero la cosa no es tan sencilla como parece porque los freaks también aprenden, como todos, a devolver las pelotas si hace falta. Si no les dejan vivir su vida, si comercian con ellos, si les meten a saco en festivales carcelarios, si les estafan hasta la música que les gusta, si les apadrinan para sacarlos a flote en plan seriecito, también es cierto que se cuelan gratis siempre que pueden, que forman en primera fila cuando estallan conflictos sociales fuertes (y eso quedó bien claro en las manifestaciones de febrero de 1976 como lo había quedado cuando lo de Burgos) y que mantienen, contra viento y marea, una forma de vida que si la queréis llamar libertaria pues vale. En todo caso son gente que nada tiene que perder con un cambio social radical. Hoy en día centenares de comunidades orgánicas o descontroladas están funcionando. Ya se verá qué pasa con ellas. En el próximo capítulo del serial este intentaremos dar a conocer algunos de los grupos actuales aunque sea solamente para incitar a los demás a manifestarse de algún modo si lo consideran necesario. La península es muy grande y hay muchos caminos de encuentro y de perdición. Cada grupo hará evidentemente lo que quiera y pueda para relacionarse o no con otros. Y de eso se trata, de que cada uno haga lo que quiera y no se deje timar por nada, ni siquiera por el *Star*.

«Star», 27 (1977), pp. 4-7

5. LA BORRACHERA MODERNA

Hablando hace pocas semanas con uno de los mendas más psicodélicos de aquellos años de ácidos de los que he escrito en los anteriores capítulos, me decía el tío: «Hasta hace poco no he acabado de salir de la gran resaca que siguió a aquella borrachera cósmica. Me parece que ahora estoy entrando en otra gran borrachera...». El que decía esto tiene ahora casi treinta años y tenía entonces veintidós o veintitrés, cuando era una especie de patriarca prematuro del mundo hippie local. ¿Qué ha cambiado de entonces hasta ahora? Antes él era un enrollado con el ácido, la alquimia, la poesía, la familia hippie. Reservado, se escudaba tras una lentitud entre tímida e irónica, miraba directa e insistentemente a los ojos de los que le rodeaban, adivinando rollos, inventando rollos, con la mente siempre ocupada en eternas divagaciones. Usaba y abusaba de los símbolos externos más descarados y enigmáticos de su condición, vestimenta de todos los colores, pañuelos indios, estrellas, collares, símbolos demoníacos. En fin, todo un mundo completo.

Ahora vive en la ciudad. Separado de su mujer, de su masía campestre. De la música poético-mística-alquímica (al estilo de la Incredible String Band) ha pasado al rock urbano. Del ácido al alcohol y a lo que sea. De la familia a las bandas urbanas, al desmadre, a la orgía. Del rollo místico a la acción práctica, a la organización de grupos. Lo que no ha variado en absoluto es su actitud provocadora, individual, escandalosamente al margen de la moda política. Su evolución puede resumir la de muchos otros que saliendo de pequeños grupos hippies superenrollados y aislados hemos ido a parar a una situación mucho más abierta y también mucho más contradictoria. Hemos debido vivir los problemas de la «vida moderna» de la juventud. Dinero, trabajo, casa, conflictos sentimentales, conflictos sociales. Desde entonces hasta ahora la sociedad entera ha cambiado. Cuando nosotros éramos los únicos «modernos» en medio de un mundo uniforme, gris, estrecho, moralizante, nuestra exaltación, nuestra conciencia de la brutal diferencia que había entre nosotros y el mundo, esa sensación de gran aventura nos protegía un poco de las propias contradicciones. Pasada la gran borrachera cósmica nos hemos encontrado con una sociedad en la que ya es normal hablar de emparejamientos libres, porros, comunidades, partidos. Nuestra pequeña gran aventura es vivida ahora por muchos miles de jóvenes de una forma menos «cósmica» y más práctica. Sus problemas se discuten en revistas y libros. Hoy en día cuando un joven peludo con poco dinero, con ganas de rollo, contrario al orden imperante, porrero, etc., sale a la calle puede encontrarse con muchos ejemplares de su misma especie. Se puede considerar a sí mismo relativamente normal en relación con la gente de su edad. Esa «normalidad» que proporciona la masividad del asunto y la mayor tolerancia de la sociedad no significa que sus problemas estén resueltos. Qué va. A veces la impotencia masiva es más frustrante que la clandestinidad minoritaria. A veces las hostias son más fuertes. Al sentirse acompañados por mucha gente que está más o menos en el mismo rollo, muchos freaks creen que todo está chupado, que solo hace falta apuntarse y ya está. Pero no. Luego salen las flipadas. Que si no hay plata, que si no ligo nada, que si la comuna me amuerma, que si sexualmente la cosa va de frustración, etc. No hay que olvidar además que estamos en plena y profunda crisis económica. Por cada diez «trabajillos» eventuales que había hace diez años ahora solo hay uno. Por cada diez capitalistas dispuestos antes a correr ciertos riesgos en aventuras culturales, ahora solo hay uno o ninguno. Ahora hay cantidad de juventud dispuesta a todo y sin nada que hacer. Se desarrolla la competencia. A ver quién se queda con los chollos. Se repiten los problemas: demasiada gente para una sola casa, demasiadas fiestas sin alegría, demasiados desmadres que no aportan satisfacción emocional. Además, ¿qué privilegios otorga la condición de freak? Muchas veces los pasados que lo son desde muy jovencitos, que han pasado y pasan miseria en aras de su mayor libertad, se encuentran sorprendidos ante el hecho de que gente más seria, profesionales de carrera, se permitan los mismos lujos que eran característicos del freak: porros, orgías, festivales. Eso sí: trabajan como idiotas.

Quizá sea la actitud respecto al trabajo lo que más caracteriza al freak. Aunque muchos de ellos trabajan, la diferencia está en la importancia que dan a lo que hacen aparte del trabajo. Los freaks o bien se buscan un trabajo que de verdad les enrolle (este es el caso de músicos, dibujantes, artistas, artesanos y «granjeros»), o bien realizan todo tipo de trabajos eventuales (como encuestas, reparto de propaganda, guarderías, trabajos por horas), trabajos que puedan ser abandonados o tomados, que permitan largarse de vez en cuando a cambiar de aires, que dejen tiempo para la enrollada personal y el desmadre. También hay freaks que tienen un trabajo regular del que pasan bastante, interesándose sobre todo en lo que hacen fuera del lugar de trabajo. Lo cierto es que las fronteras entre los diferentes tipos de mendas que corren por ahí sueltos y que de repente se encuentran juntos en los festivales, en los Canet Rock y compañía, son sobre todo fronteras de grupo, de clan, de tribu. A partir del año 73 en el que salió Zeleste, *Star*, *Ajoblanco*, cuando los festivales masivos con estrellas internacionales ya empezaron a ser normales (a partir del concierto de Santana en el Palacio de los Deportes), desde entonces hasta ahora es evidente que se ha formado una masa importante de peludos de todos los tipos con el denominador común de cierta actitud frente al trabajo, con muchas ganas de enrollarse de manera diferente de la tradicional y absolutamente adictos a la música. Al empezar el artículo hablaba de una nueva borrachera, la que sigue a la resaca de la «borrachera cósmica». ¿Cuál es esta borrachera moderna? No puedo ser profeta. Hay muchos caminos ocultos, por suerte hay mucha gente que vive su vida, que no puede ni quiere ser clasificada con una u otra etiqueta, que reacciona cuando le da la gana, que pasa bastante de ir pregonando sus ideas, que se queda al margen de la literatura, de la política. Pero también es cierto que, en medio del ajetreo político y social actual, en medio de la famosa predemocracia, pseudodemocracia o como se la quiera llamar, en medio de todo eso, la gente espera resultados favorables, empuja para que se pueda vivir más libremente. Cantidad de cosas calladas y aguantadas van saliendo ahora a la superficie cargadas con cierta dosis de impaciencia y cabreo. Y, de momento, se nota más ese empuje que los resultados. Porque el follón político actual no aporta soluciones concretas a la gente joven. Porque esta gente mide la libertad a través de cosas bastante inmediatas: la tranquilidad con que se puede ir por la calle haciendo lo que les apetezca, la garantía de que la represión no está a la vuelta de cada esquina dispuesta a caer de forma arbitraria en cualquier momento, a la posibilidad de trabajar en lo que a uno más le enrolle sin tener que estar continuamente en una carrera de obstáculos, sin tener que lamer el culo a nadie, sin tener que meterse en jerarquías de jefes y jefecillos, la libertad de enrollarse sexualmente como mejor le parezca sin tener que dar explicaciones a nadie. Y todas esas cosas de momento no están en el programa de la película política de lo actual. La película política actual va sobre todo de apuntarse a algo, de decir esta boca es mía, de estar diciendo «queremos esto, queremos aquello». Y hay gente a la que le va más el rollo de decir «yo hago esto, yo hago aquello, y qué pasa, ¿eh?». La borrachera moderna es este descaro que empieza a verse, este mensaje en el momento de hacer las cosas como a uno le dé la gana, este cambio que va desde una ilegalidad clandestina, oculta, muy suya, a otra ilegalidad más descarada, practicada a campo abierto. Lo que se mantiene igual es la ilegalidad, lo que cambia es la clandestinidad, que se convierte en descaro.

Los partidos políticos se han percatado de este estado de ánimo de la juventud, que se apunta más a experimentar y a vivir cosas nuevas que a sacrificarse en nombre del futuro. Por eso han acudido a los músicos, a los festivales. Gente metida en los ambientes musicales me ha explicado la cantidad de manipuleos, ofertas y líos que hay entre los músicos y los partidos, desde luego no deja de ser curioso que partidos que hace muy poco criticaban la actitud «frívola» o «pasada» de músicos y grupos de rock, partidos que solo promocionaban a los «cantautores» de protesta «cívica», ahora dan dinero y beneplácito a los anteriormente considerados «malditos», para atraer a la gente joven a sus mítines y a sus actos electorales. Y los músicos necesitan pasta, eso está claro. Y actúan para los partidos que antes les maldecían. Y a veces hasta llegan a convertirse en profetas de la democracia, como en el caso de Oriol Tramvia, que hace poco era Oriol «*el passat*».

Lo cierto es que hay mucha gente que no se aclara y esto es normal en un momento de cambio. Unos se apuntan, otros reaccionan en contra, otros se montan su propio rollo (cooperativas, colectivos de arte, coordinadoras), otros continúan pasando de todo como siempre. Yo no voy a juzgar a nadie. Solamente pienso que no hay que esperar milagros ni regalos, que tampoco es necesario perder el culo, que el rollo va para largo. He visto a gente metida en cooperativas, sindicatos y comunas que parece que se lo van a comer todo en dos días y que al tercer día ya están destrempados. Hay mucha efervescencia, empuje, marcha. Pero también hay palos, destrempes, desengaños. A mí me parece importante conservar lo que ya llevo a cuestas desde hace tiempo. No creo que yo vaya a hacerme un nuevo carácter «democrático». Yo continúo siendo el mismo y teniendo las mismas ganas de enrollarme bien y montármelo bien. Continúo pensando que esto lo consigo a mi aire y con mis amigos. Evidentemente veo que ahora hay más posibilidades de dar la cara y de eliminar cosas que molestan. Y a por eso voy también. Y si en vez de pagar entradas para cines y festivales tontos conseguimos montarnos rollos más bonitos y más libres, pues muy bien, vale la pena intentarlo. Y si conseguimos que nos den menos palos, mucho mejor. Y si la calle es más nuestra, de puta madre. Y si todo este sistema se pudre y se hunde, no veas. Si los trabajadores consiguen pasar de los patronos, si se consigue eliminar las leyes que nos putean, si los chavales pueden nacer y crecer en libertad, en fin..., para qué os voy a contar. A mí me parece que la gente lleva marcha y que también se amuerma cantidad en otros ratos, que da la cara cuando lo considera necesario, que a veces intenta solucionar problemas ella solita en su comuna o en su pareja y se amuerma porque no lo consigue, porque cree que ella tiene toda la culpa de no poder solucionarlos cuando en realidad es también lo que nos rodea lo que nos jode, aparte de lo que ya llevamos dentro. Por eso a mí me parece que está muy bien cagarse en lo que sea necesario, descargar la mala leche hacia fuera, porque este sistema se merece que nos caguemos en él de la forma que mejor nos vaya, merece que se le haga pipa porque él nos la está haciendo a nosotros desde que nacimos. Aunque tampoco soy de los que se dedican casi profesionalmente a cagarse en todo y se olvidan de su propia vida, se olvidan de buscar el máximo grado de felicidad que puedan alcanzar en su vida concreta, en su vida de cada día, en su cuerpo, en sus amores, en sus rollos propios. Y si una parte de esa felicidad está en cagarse en lo que sea, pues adelante.

Hay muchas cosas que se pueden hacer ahora, porque es cierto que hemos pasado mucha hambre de libertad, mucho miedo y mucho mal rollo y que ya es hora de sacarnos de encima lo que pueda ser sacado, conservando lo que subterráneamente hayamos acumulado. Porque en España (o como se quiera llamar esta península) el «underground» existe en cantidad. *Underground* quiere decir textualmente «bajo tierra», «subterráneo», y aquí casi todo lo de verdad se ha hecho bajo tierra, porque en la superficie más visible continuará habiendo una televisión amuer-

Mitin de la CNT en Montjuïc, julio de 1977. © Gol

Piti Español (izquierda) y Reinald Roca (centro) en una manifestación, en el cruce de las calles Aragó y Passeig de Sant Joan, Barcelona, febrero de 1976. © Gol

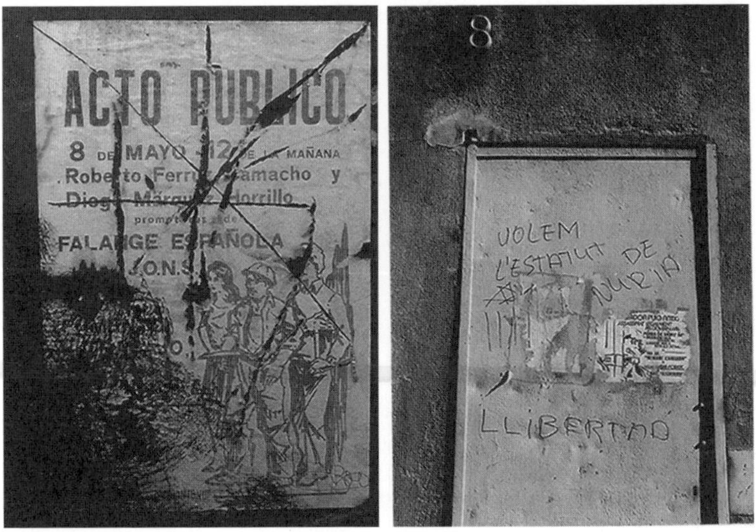

Carteles y pintadas en las calles de Barcelona con reivindicaciones y de autorías dispares: un acto público de la Falange Española de las J.O.N.S., la reivindicación del Estatut de Núria, la denuncia de la ejecución de Salvador Puig Antich a garrote vil... (s. f.). © Gol

Carteles y pintadas en las calles de Barcelona (*c.* 1976). El cartel más visible contiene un mensaje de apoyo al encierro de las mujeres de los trabajadores de Motor Ibérica (entonces en huelga) en la iglesia de Sant Andreu de Palomar (Barcelona), en junio de 1976, y denuncia la forma violenta en que la policía las desalojó, junto con sus hijos, tras 28 días de encierro. © Gol

Instantánea tomada en la calle del Marqués del Duero de Barcelona, actualmente Avinguda del Paral·lel (s. f.). © Gol

Dispersión de manifestantes en Barcelona (s. f.). Como se puede apreciar en la imagen, el fotógrafo difuminó las caras de los manifestantes, seguramente para proteger su identidad. © Gol

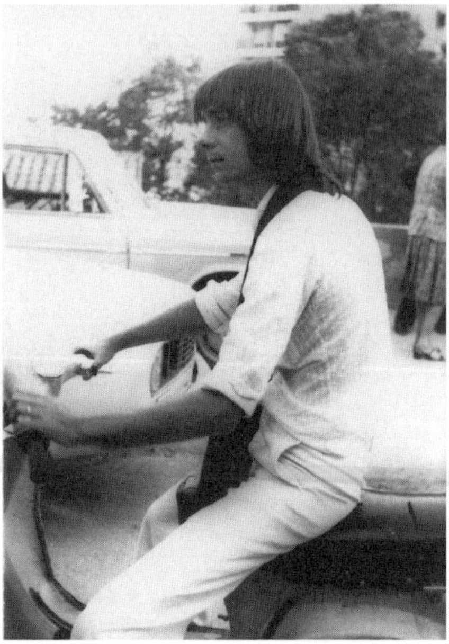

Pau Maragall, «Pau Malvido». La imagen de la izquierda se utilizó para ilustrar el recordatorio de su funeral. La imagen de la derecha fue tomada el 2 de julio de 1976, el día de la boda de su hermano Pere. © Familia Maragall

Pau Maragall en la Platja de les Dunes, en Sant Pere Pescador, 1981. © Maria Casassas

Portadas de los números 23 y 26 de la revista *Star*.

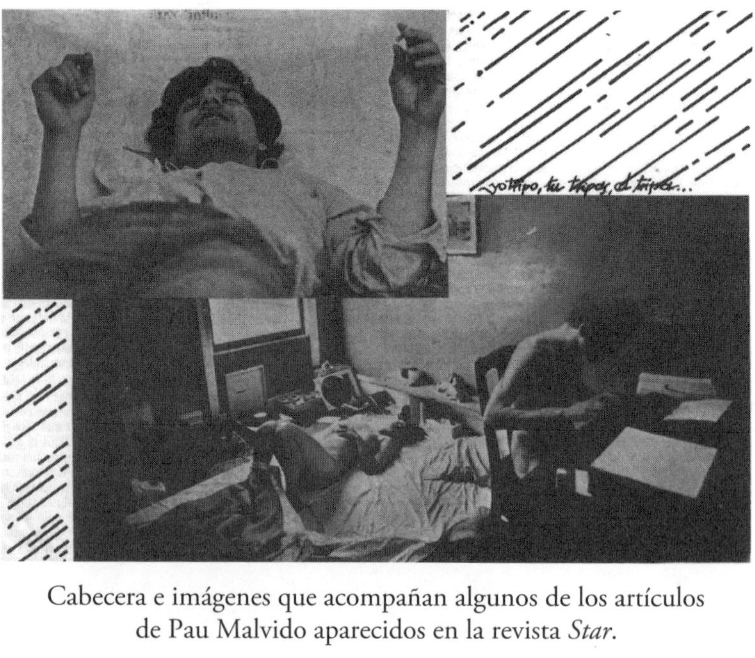

Cabecera e imágenes que acompañan algunos de los artículos de Pau Malvido aparecidos en la revista *Star*.

Hogar, dulce hogar

Españolitos que vais a Formentera.

Mercè Pastor, acompañada por Massaveu y Xefo Guasch (arriba) y una cabra (abajo), en Formentera. Imágenes publicadas en el artículo «Represión, Formentera, flipada. 1972...».

Escena de agitación callejera en Barcelona, 1978. © Gol

Barricada humana en la Avinguda Meridiana de Barcelona, a la altura de la Plaça del Doctor Serrat, en el cruce con la calle Mallorca (s. f.). © Gol

mante, una política de personajes de teatro, una división entre los jefes y los mandaos. El buen rollo lo tenemos que hacer entre nosotros y entre nosotros sí que podemos intentar ser más libres, menos acomplejados y también más combativos frente a los que nos quieran mantener asustaditos, quietos, incomunicados.

En este último artículo de *Nosotros los malditos* quería hacer una historia y un recuento de los grupos que por ahí circulan dando marcha, pero al final me he pasado al panfleto y no voy a dar ningún nombre. Que ya nos encontraremos por ahí. Y antes de continuar la paliza quisiera, eso sí, referirme a los grifotas de toda la vida, a los de barrios como la Barceloneta, el chino, Gracia, Pueblo Seco, La Mina, el Campo de la Bota. Esta gente no ha cambiado mucho. Sigue vacilando. A veces hay gente que se cree muy moderna por fumarse un porro. Y es verdad que son modernos. Pero en el asunto del vacile tienen detrás a una larga fila de gitanos, gente del chino, peluqueros, taxistas, jóvenes de barrio, gente que a lo mejor trabajaba en algo de lo más corriente y normal, que hace ya mucho tiempo que se «pone a gusto», como ellos dicen, gente que todavía no entiende por qué carajo está perseguido el consumo de hierba, con lo bien que a ellos les sienta, y que por el hecho de estar perseguido se sienten un poco al margen del mundo normal, del mundo sometido al «imperio de la Ley». Y estando al margen del mundo establecen cierta complicidad entre ellos, se montan sus rollos. Esto de que la gente se monta sus rollos un poco aparte, pasando de los que están arriba mandando lo que está bien y lo que está mal, tiene algo que me gusta. De hecho, cuantos más rollos se monte la gente pasando de dar explicaciones a nadie, mejor. Más ingobernables seremos. Lo que es necesario es que entre los que estamos «abajo» nos respetemos los rollos los unos a los otros, que seamos todos un poco cómplices en la gran ilegalidad o mejor en la alegalidad (porque en definitiva no se trata de estar en la legalidad o en la ilegalidad sino de pasar de esta distinción) que entre todos constituimos.

Porque también es cierto que la miseria, la falta de plata y de posibilidades de enrollarse bien provoca en muchos freaks un individualismo «pasado» en el mal sentido de la palabra. O sea el típico freak que llega a casa de otro freak y come todo lo que puede y se va sin decir esta boca es mía. Simplemente se aprovecha de otro sin dar nada a cambio, porque está flipado con la falta de plata y con sus frustraciones y solo va a sobrevivir a costa de quien sea. No quiero decir que siempre se tenga que dar algo a cambio de lo que a uno le den, pero sí que es necesario explicarse, hacerse entender, llegar a acuerdos solidarios, guiados por la amistad. Al menos entre la gente que se sienta en el mismo tipo de rollo. Por mucha miseria que haya, es preferible robar a un ladrón (un ladrón de los legales, de los montados a costa de otros) que engañar a un amigo. Y además contra la miseria se pueden hacer cosas colectivas, exigir mayores sueldos, montarse algún rollo, lo que sea, menos ir a joder al que tienes a tu lado. Si esto no queda claro entonces caemos en nuestra propia corrupción. La podredumbre del sistema se nos mete dentro y nos corrompe a nosotros mismos. Mejor sería que el sistema se corrompiese a sí mismo y que nosotros nos lo montásemos mejor.

También quiero hablar del asunto libertario del que tanto se habla ahora. Cantidad de juventud más o menos freak se apunta a eso y revistas como *Ajoblanco* han tomado el espíritu libertario o anarquista como lema de sus rollos. La cosa es un poco complicada. Por una parte el anarquismo ha tenido en España mucha importancia y la gente proletaria se apuntó a sus ideales de forma bastante masiva ya a partir del mismo comienzo de este siglo. Gente que transformaba su pobreza y su «ignorancia» en una riqueza de ideales enorme, de forma radical. Y no solo en ideales de igualdad, de fin de la explotación, de liberación humana, de progreso auténtico, de antiautoritarismo. También en una práctica cotidiana de montar cooperativas, de colectivizar empresas (o sea de pasar del patrón y fabricar los obreros solos los productos), de eliminar intermediarios, autoridades, jueces y cambiarlo por una organización conjunta de los pueblos y sus barrios. En la guerra del 36 los anarquistas fueron eliminados por los fascistas y traicionados por los comunistas y republicanos. Los que quedan quieren recuperar su anterior fuerza. Y los jóvenes ven en el anarquismo lo que mejor resume muchas de sus aspiraciones: basta de jefes y de líderes, basta de politiquerías, libertad total, igualdad. Pero la diferencia entre los jóvenes y los viejos es considerable. Los viejos hicieron del anarquismo una vida eternamente nueva para ellos. De la más puteada explotación pasaban a un ideal total. Hasta el tabaco dejaron. Los jóvenes ven en el anarquismo una confirmación de algo que ya llevan más o menos encima. Para ellos el anarquismo no es un cambio total sino un paso más en su forma de vivir, opuesta a la de los adultos sometidos al orden. Son desmadrados. Y a veces el anarquismo solo es un recubrimiento de su desmadre. Y no quiero decir con esto que el desmadre sea algo condenable. Quiero decir que el desmadre es una reacción ya conocida frente al orden opresivo. El anarquismo de los viejos era una cosa desconocida hasta para ellos mismos. Era un gran descubrimiento.

Este es un aspecto de la gran confusión que hay a veces entre jóvenes y viejos. La otra cosa que me gustaría decir es que, desmadre aparte, los jóvenes anarquistas, los que están más o menos con la CNT o con otras organizaciones anarquistas, a veces están ahí solamente para defenderse de la oleada de politiquerías, de las palizas y sectarismos de los partidos políticos, de todo un follón político ascendente frente al cual los jóvenes en cuestión se sienten primero confusos, después desplazados (como perdidos, como si se quedaran al margen, perdiendo el tren) y finalmente se sienten hartos, hasta las narices. Entonces van y se apuntan a una organización anarquista, como la CNT, y desde allí se cagan en todos los partidos políticos, amparados por la bandera rojinegra y por una tradición ácrata de muchos años. Y llega un momento en que están todo el día levantando la bandera anarquista y cagándose en los partidos y en todo lo que sea su organización. Y entonces, de hecho, se hallan metidos en las politiquerías que antes los amuermaban, aunque sea a la contra, pero al fin y al cabo hablando todo el día de los partidos, etc. No digo que la gente de la CNT sea así en su conjunto, pero sí que hay muchos jóvenes así. Y esto, unido al afán recuperador y proselitista de los viejos, hace que a veces todos se obsesionen con sus siglas y su bandera, en vez de ayudar a actividades concretas de la gente que quiere autoorganizarse para algo. Yo pienso que la CNT debería ayudar y ver con buenos ojos todos los intentos de la gente para montarse rollos colectivos de ayuda mutua, lucha práctico artística, todos los rollos que la gente se monta por su cuenta sin esperar a que venga algún iluminado político a darle la señal de salida y la bendición final. Y, a veces, la CNT cuando ve algún rollo así lo único que dice es: «Entrad en la CNT». Y luego la CNT se llenará de gente que esperará que por el hecho de estar allí las cosas se organicen solitas, y que lo único que sabrá hacer será dar la bronca contra los partidos y poca cosa más. Precisamente, resulta mucho mejor apoyar los rollos que la gente se monta: que la gente aprenda a organizarse y a decidir por ella misma y luego ya se verá. De lo contrario la CNT se inflará de elementos desorganizados y sin ninguna experiencia. Y estoy hablando sobre todo de gente freak, joven, desmadrada.

Todo esto viene a cuento de mis simpatías hacia el rollo anarquista. No estoy en contra en absoluto, pero veo confusión gorda y digo lo que creo que puede ayudar a poner las cosas más claras para todos, en beneficio del movimiento libertario en su conjunto.

En cuanto a *Ajoblanco*, creo que la revista ha dado un salto un poco fantasmal hacia el anarquismo. Aunque solo sea una cuestión un poco de estilo, yo diría que no hacía falta enterrar oficialmente a la «contracultura» y a los hippies, como hizo *Ajoblanco*, para lavarse de toda culpa y «pasarse» de repente al rollo libertario. Hay gente que ha sido hippie y freak y moderna y no ha necesitado tanto ropaje literario para seguir viviendo como lo hace. Además, los hippies y los freaks son bastante conscientes de las ventajas e inconvenientes de la experiencia que han vivido, con todas sus contradicciones. Pero lo más importante no es esto, sino lo concreto o abstracto que se puede llegar a ser en lo del rollo libertario. Lo que hace falta es explicar cosas concretas, impulsar cosas concretas, se llamen como se llamen. Lo que sobra es dar una teoría o una mano de pintura anarquista a todo lo que se dice, sobre todo si lo que se dice no es concreto. En este aspecto, el rollo sobre el sexo que montó *Ajoblanco* estuvo muy bien. Las cosas claras y directas. Yo creo que si *Ajoblanco* quiere dejar de ser «freak-marginado-pasota» como dice, para pasar a ser más abierto a todo tipo de cambio social autoritario, debe tener en cuenta que la gente a quien se dirige es o ha sido en buena parte «freak-marginado-pasota». Y ello no quiere decir que tenga que seguir siendo como era, puede cambiar como de hecho lo hace. Y puede cambiar en la misma dirección que apunta *Ajoblanco* en el fondo. En fin, que para negar algo primero hay que afirmarlo. Para salir de la marginación hay que afirmarse en ella para ver de qué punto de partida se sale. Si no, uno puede quedarse a medio camino, volando.

Bueno, y sin ningún rencor para nadie, se acabó aquí el asunto de los «malditos». Me he pegado un viaje por el pasado considerable. He visto cantidad de caras de amigos y de amigas. Situaciones maravillosas y situaciones superflipadas. Toda una historia de la que yo solo he explicado un pequeño trocito. Mucha otra gente podría explicar lo suyo, sus grandes borracheras por el túnel del tiempo, sus vuelos nocturnos o espaciales, sus vaciladas, sus recuerdos amigables. Al acabar este rollo siento un gran cariño hacia toda la que recuerdo a través de mis historias, toda la gente que ha vivido las aventuras y las infinitas vueltas al coco y a los sentimientos que hemos dado para vivir nuestro rollo. Así que con mucho cariño corto el rollo y me voy a dar una vuelta. ¿Qué pasará mañana? Pues no sé. Besos.

«Star», 28 (1977), pp. 19-21

Otros textos

6. COMUNAS DE CARNE Y HUESO

Digo carne y hueso porque las comunas parecen fantasmas cuando aparecen en revistas y anuncios. Es frecuente leer el típico mensaje del «tío perdido en esta mierda de sociedad» que busca «comuna fraternal» y otros milagros. No tengo nada contra las comunas y los milagros. Al contrario: cuantas más comunas y cuantos más milagros, mejor. Lo que aquí pretendo es, tras varios años de vivir y ver experiencias comuneras, pensar en lo que pasa en realidad en las comunas, pensar sobre todo en sus problemas. Las ventajas ya son sabidas. Mucha gente ha soñado en su comuna ideal. Los problemas solo los saben quienes los han vivido, e incluso estos muchas veces los esconden (para no bajar la moral del grupo) o los exageran (porque han fracasado y necesitan justificar su propia derrota). Es muy frecuente oír «todo va de puta madre, nos entendemos muy bien» en medio de sonrisas dedicadas al auditorio, o bien «ya se sabe, vivir con más gente es un lío inmenso, nadie se aclara, no hay nada que hacer».

Para intentar pensar en las comunas he cogido varios puntos importantes y me he basado en un tipo determinado de comunas: las comunas urbanas más bien pobretonas, de personal joven más o menos desmadrado. No entran aquí las comunas ricas, las formadas por gente con carrera, oficio y plata, como aquella famosa Ítaca de un barrio alto de Barcelona, con sus casi veinte miembros, su organización pensada durante un año, sus buenos ingresos, sus coches, su progresismo serio y mesurado. O como aquella otra comunidad agrícola, cerca de la frontera, en la provincia de Gerona, en la que te piden un millón (sí, un millón) de rupias al entrar, con cantidad de hectáreas y ambiciosos proyectos rodeados de una ideología progre-kibutzziana, impresa en su correspondiente manifiesto. (kibutzziana viene de *kibutz*, la granja agrícola comunitaria típica de Israel.) Que los progres y profesionales monten sus comunas me parece muy bien. Como ya tienen trabajo y edad, pueden permitirse cierta seriedad disponiendo de una abundancia de medios que los jóvenes asqueados de la vida familiar no tienen. Lo más frecuente es que gente joven sin trabajo fijo (y muchas veces ni tan siquiera eventual) se largue de su casa paterna, harta del muermo familiar y de la perspectiva que le espera, y se agrupe casi por necesidad, juntando la poca plata que tiene para poder alquilar un piso en el que vive más o menos apretadilla. Huye de los consejos paternos: «búscate un trabajo fijo, aunque sea empezando por lo más bajo, acaba la mili, busca novia, busca piso y cásate», o bien en plan más moderno y más rico: «acaba la carrera, te buscamos una buena colocación, puedes quedarte en casa siempre que quieras, puedes salir por ahí con amigos y amigas incluso semanas enteras..., pero...» (siempre hay algún pero, alguna forma de control, algo que se debe dar a cambio de tantas facilidades).

¿Dónde estás, mamá?

En fin, que la gente se larga porque es demasiado gordo el desfase que hay entre lo que la familia le exige y lo que quiere en realidad. Aquí empieza el primer problema para las comunas: las costumbres familiares. Por muy rebelde que uno sea, estar en casa de papá significa comer y dormir allí, tener ropa limpia, agua caliente, no pagar gas, luz y agua, no pagar alquiler. Para cubrir esas necesidades hacen falta, en una comuna, tres cosas: tener dinero para pagarlas, tener marcha para hacerlas y tener el humor de hacerlas en común. Parece una tontería, parece algo evidente, pero no es tan fácil. De la falta de plata ya hablaré más adelante. De momento fijémonos en las otras dos condiciones. La inercia familiar es mucho más fuerte de lo que normalmente se cree. La costumbre de que muchas cosas te las den hechas (sobre todo los varones, porque las tías están más acostumbradas y mentalizadas para currar en el asunto doméstico) es una costumbre que continúa dándose en las comunas aunque se disfrace de muchas maneras. Para un joven desmadrado (sobre todo si es varón, insisto) lo de la cocina y la comida y la limpieza es una tontería comparado con los locos proyectos que llenan su cabeza, comparado con las experiencias desmadrosas que le absorben, comparado con las pasiones que le atosigan. Esta es la primera excusa. Además, como hay más gente por allí, alguien hará algo, alguien se preocupará del asunto alimenticio. Y si no, en última instancia, se puede comer cualquier chorrada en el bar de al lado y si no hay plata todavía queda el recurso de ir a casa de los «viejos» (los papis) a comer. Y eso es lo que los papis esperan: que los hijos vayan a comer a casa. Eso demuestra que ellos (los papis) tenían razón, que el nene todavía no está preparado para vivir por su cuenta, que los padres todavía son indispensables, que todavía hay que cuidar al chico. Y todo eso se nota. Uno puede despistar más o menos, pero en el fondo mantiene la conciencia de una cierta dependencia de la familia, y esa dependencia aumenta cuantas más veces va uno a comer a casa de los papis, sobre todo si encima no se quiere admitir esa dependencia y se hacen chulerías y demostraciones de rebeldía para compensar o encubrirla. De esta forma resulta que cuanta más rebeldía se demuestra, más dependencia en realidad va pesando en el interior de cada uno. Y así, infinitamente, el ciclo se mantiene. Lo de la comida es un símbolo de toda una forma de actuar, pero no solo es un símbolo: es una realidad importante. Comer significa alimentarse a uno mismo, cuidarse a sí mismo. Si no se es capaz de cocinar y de alimentarse, malo. Quiere decir que muchas cosas fallan en la pretendida autonomía personal. Lo mismo puede decirse de un mínimo de limpieza y de tener ropa, la ropa que cada uno guste y necesite. Todos estos «detalles» no son en realidad detalles, son cosas de primera importancia, es lo primero que debe aprender una comuna. Además, si esto falla, aparte de lo que significa a nivel personal para cada uno, inevitablemente se producirán problemas colectivos, malos rollos entre los miembros de las comunas. Porque si el rollo de la autonomía y de la dependencia puede ser un rollo de cada cual y cada cual lo lleva como puede y encuentra su equilibrio entre lo uno y lo otro (porque la cosa siempre es una mezcla, nunca hay autonomía total o dependencia total), el asunto se complica cuando se hace conjuntamente. Lo de «siempre habrá alguien que se preocupe», la confianza en los demás como solución a todo es un mal rollo. Es la costumbre familiar trasladada a la comuna, es el parasitismo de unos a costa de otros o a costa de todos, porque a veces ese «alguien que siempre se preocupa» no existe y entonces la cosa va de bocadillo colectivo en el bar o todos en casa de los papis. Y si hay alguien que se preocupa, pobre de él. Ese tendrá que hacer de papá o de mamá. Sobre todo de mamá. Las tías que en las comunas se preocupan de la comida van dadas. La gente, por inercia, se apalanca, se abandona a lo que en cada momento sea la solución más cómoda. Y todo esto se acaba con cabreos, gente quemada, harta, pasividad generalizada. La confianza ciega en la espontaneidad, en que todo saldrá bien porque somos tan cojonudos y tan modernos viviendo todos juntos, no acostumbra a dar buen resultado. En nombre de la espontaneidad y de la fraternidad se puede llegar a un muermo considerable. Si hay suerte y coinciden gentes similares o complementarias puede salir bien. Si no es así, hay que apechugar con el problema, discutirlo, aprender. Tampoco se puede pedir que la gente salga de su casa perfectamente preparada para la vida de comuna. Hay que comprender que es necesario un aprendizaje.

En algunas tribus «salvajes», cuando los jóvenes llegan a cierta edad se les prepara para la vida en la selva y se les abandona en medio de ella para que aprendan a sobrevivir. Cuando regresan son considerados aptos para la vida comunitaria. En nuestra sociedad nadie nos prepara para nada. La familia nos protege y nos da consejos inútiles, la enseñanza más bien procura que la gente pierda su capacidad de aprender. No estaría mal pensar en un aprendizaje adecuado, luego soltar al jovencito en medio de la «selva urbana» (la jungla de asfalto), dejar que viva por sí mismo una temporadita (que busque piso, que se haga la comida, etc.) y luego que pase a formar parte de una comuna. Para estar juntos hace falta saber estar solo. Una persona que haya vivido personalmente todos los problemas básicos de una ciudad está en condiciones de apechugar y entender la parte de responsabilidad que le toca en una comuna.

Y con el tema de la soledad y la convivencia entramos en otro de los grandes problemas de las comunas: el amontonamiento, la falta de vida privada, la pegajosidad, la típica comuna-pandilla-de-colegio. Cuando en una comuna nadie sabe hacer nada por sí solo, cuando siempre depende de lo que hagan los demás, cuando nadie tiene actividades y objetivos propios, cuando todo se diluye en la típica pregunta «¿Qué hacemos?» (que es como no decir nada), entonces la cosa no puede funcionar. Incluso cuando hay alguna actividad conjunta continuada (todos trabajan en lo mismo, todos hacen artesanía, todos hacen teatro, etc.), incluso en ese caso es imprescindible un mínimo de iniciativa personal, un mínimo de espacio propio, un mínimo de soledad. Es frecuente que en las comunas, cuando alguien invita a un amigo, se sienta obligado a presentar al invitado al resto de la comunidad, se sienta culpable si se aparta del resto para estar a solas con su amigo. Y no me refiero aquí a cuestiones sentimentales fuertes o a relaciones sexuales, sino simplemente a las ganas de charlar tranquilamente sin interferencias con una persona amiga. El vicio del amontonamiento responde a lo mismo de antes, a la incapacidad de autonomía de los demás. La consecuencia de esto es que la comuna se cierra sobre sí misma, sus miembros son incapaces de relacionarse con el exterior aisladamente, todo debe hacerse en grupo, los visitantes o amigos personales de cada uno se flipan ante la impenetrable complicidad del grupo..., y la cosa, una vez más, acaba por estallar cuando ya todo el mundo se ahoga, cuando se agotan las posibilidades de la complicidad cerrada, cuando la gente necesita aire nuevo de forma desesperada. Por otra parte, el amontonamiento produce más amontonamiento y así sucesivamente hasta el límite. (El problema de las comunas es que casi siempre acostumbran a llegar a un límite.)

Cuando una comuna es una masa indiferenciada de sujetos pasivos y dependientes los unos de los otros, es muy fácil que otros sujetos pasivos dependientes se apunten al follón. Uno más no importa, otro más tampoco... Hay que tener en cuenta que por la ciudad pululan cantidad de «colgaos», elementos rebotados de otras comunas, yonquis que buscan un techo, tíos perdidos, tíos nuevos recién llegados, gente solitaria tras una crisis sentimental. Si uno de estos elementos (cualquiera de nosotros puede encontrarse en una situación de este tipo en un momento dado) va un día a una comuna y se encuentra con un ambiente activo, en el que todo el mundo está enrollado haciendo sus cosas y las cosas de todos, el tinglado funciona, tiene un ritmo, etc., entonces el tío colgao va a una comuna en la que todo el mundo está tirado, nadie hace nada por su cuenta y reina la «masa amorfa», y se apuntará rápidamente al rollo, aumentando aún más el nivel de pasividad de la comuna. Un tío colgao no es negativo en sí mismo, todo el mundo puede quedar colgao en algún momento. Lo que pasa es que muchas comunas no son lo suficientemente activas o lo suficientemente claras (claras en el sentido de que no sean amorfas y amontonadas) como para poder aceptar a un colgao sin problemas. En definitiva, el problema de los colgaos es el mismo problema que el de las comunas: si las comunas no funcionan habrá más colgaos que no encuentren su sitio y viceversa, cuantos más colgaos y perdidos más difícil será que haya comunas estables porque los colgaos irán de comuna en comuna actuando como un peso muerto en ellas. Así que el problema es de todos y como tal debe ser aceptado.

Ya sé que esto de momento es imposible. Aunque el problema sea de todos, la realidad es que todos nosotros estamos demasiado dispersos para poder pensar en problemas colectivos. Demasiado acuciados por problemas de supervivencia inmediata. Hay muy poca comunicación, pocos lugares de encuentro. La sociedad tiende a dividirnos aún más, nos obliga a competir entre nosotros mismos para encontrar trabajos, casas, chollos. Y así muchos colgaos van a parar a los lugares que la sociedad les tiene reservados: manicomios, cárceles, reformatorios, delincuencia, suicidios. Es importante tener en cuenta esto, que la sociedad no la hemos hecho nosotros. Hemos nacido en ella, nos han estado preparando para algo que luego resulta que no existe, para algo de lo que nosotros no queremos saber nada. Y no solo no queremos. Es que tampoco podemos: ¿dónde están los «trabajos dignos» que nos prometieron?, ¿dónde están los pisos asequibles?, ¿dónde se aplica la «ciencia» que aprenden los estudiantes? Es normal que al no poder ni querer seguir el camino «previsto» nos quedemos en cueros, con toda una carga dentro y teniéndolo que inventar todo fuera. Y entonces nos dicen que somos «raros». Y a veces nosotros nos lo creemos demasiado. De hecho a la sociedad (o sea a la clase que domina) le interesa que haya «raros» muy «raros», para demostrar que todos los demás son «normales». Cuando en realidad todo es raro, absurdo, irracional. La sociedad entera, tal como funciona, es rara, monstruosa. Y a veces es útil que algunos, solo algunos, unos pocos, sean los aparentemente «raros». Todo lo demás queda a salvo. Y por eso la sociedad habla tanto del «problema de la juventud», del «problema de la delincuencia», del «problema de las drogas». Esos «problemas» van bien para entretener al público y no dejar que aparezca el problema gordo que es el problema de toda la sociedad.

En fin, habría mucho que hablar de todo esto. Básicamente se dan dos posturas entre la gente comunera que conozco. Primero, los que se consideran tan «raros» que parece que no tengan nada que ver con la sociedad que les ha parido. Se consideran casi totalmente «incontaminados», capaces de vivir una vida totalmente diferente. Y si algo fracasa entonces se culpabilizan ellos mismos. Si fracasa la convivencia, ellos son los únicos culpables. Se acusan a sí mismos, acusan a los demás. Normal: si eran capaces de todo, si estaban «incontaminados», ¿quién puede tener la culpa sino ellos mismos? No se acuerdan de que han vivido una gran parte de su vida adaptándose a la vida familiar, a la disciplina escolar, a la mentalidad competitiva, a la manía posesiva. No se acuerdan de que todo eso ha calado hondo dentro de cada uno y de que el ambiente exterior continúa presionando fuertemente en el mismo sentido. La falta de comprensión de estos límites o cargas internas y externas produce estragos: gente culpabilizada, gente quemada, gente traumatizada. Gente que se ha creído obligada a seguir el «buen rollo» pasando de todo, hasta de sus propios límites.

En el otro extremo están aquellos que todo lo atribuyen a la «mierda de sociedad» y pasan de intentar nada, o lo intentan pero justificando el fracaso de antemano: si las relaciones sexuales van mal, es por culpa de la educación, si la convivencia no funciona, es por culpa de la mentalidad competitiva «que nos han metido dentro». Y así se quedan. Arrastrándose, conformándose con sus miserias porque ya tienen un «culpable» a mano.

Yo creo que la manía de buscar «culpables», tanto sea

dentro como fuera, es una manía inútil. Sobre todo si en eso se gasta la energía y se toma como excusa. Es necesario comprender de dónde vienen las cosas, claro está. Pero comprender no quiere decir justificar o aceptar ni tampoco solucionar, cada uno debe llegar a conocer sus propios límites (y esto a veces solo se consigue a base de pegarse hostias por exceso o defecto) y, conociéndolos, respetarlos cuando no se pueden superar, aceptarlos, y empujar por el lado más favorable para llegar a una situación mejor que permita superarlos en cierta medida. Dejarse llevar a una situación mejor que permita superarlos en cierta medida. Dejarse de culpabilidades y hacer lo que en cada momento sea más favorable.

Ya sé que repartir slogans y frasecitas es bastante tonto, tan tonto como la manía de los yanquis de ir soltando «consejos» absurdos. «*All is in your mind*» («Todo está en tu mente») y rollos así. Pero por lo que he visto y vivido, por lo que continúo viendo y viviendo en carne propia, me da rabia que la energía que nos ha dado la negativa a seguir el camino «previsto» se pierda en luchas inútiles. Como la de muchos de estos nuevos «hippies-intelectualizados» que todo lo saben, todo lo discuten, se pasan los días sincerándose, analizando las causas internas y externas... y, sin embargo, no consiguen avanzar. En este terreno he visto comportamientos que, de tan racionales, de tan ideológicamente correctos, llegan a extremos de auténtica crueldad con los demás y consigo mismos. Gente que para hacer corresponder su vida con sus ideas (que acostumbran a ser muchas y muy «avanzadas») se somete al más puro masoquismo, perdiendo el más mínimo atisbo de instintividad, de flexibilidad, de placer. Su único placer consiste en comprobar que siguen por el camino indicado, y así aguantan todo lo que se les eche. Si hay envidia, se la esconden. Si tienen celos se los tragan. Y cuantas más cosas aguantan sin rechistar, más discuten y elaboran sus teorías y análisis. La afectividad, las pasiones, todo queda sometido al lenguaje del análisis. Mal asunto, señores. Si para ser «avanzados» hemos de amuermarnos toda la vida, el juego no vale la pena. Y en esto los que fabrican teorías avanzadas deben andarse con cuidado. Porque una teoría sin un camino práctico puede destrozar a más de uno. Quienes piensan que «cuantas más teorías avanzadas se difundan mejor que mejor» se quedan solo a mitad del camino. Porque una cosa es la letra impresa y el discurso y otra cosa es la vida de cada día. En esto los «extendedores» de teorías se parecen un poco a los expendedores de pornografía: se justifican diciendo que cuanta más teta al aire en las revistas, más liberación sexual. Yo lo dudo.

Y si aquí hablo de los defectos y problemas que tienen las comunas es para intentar despejar el camino hacia comunas más fáciles, cómodas, activas. Cuando arremeto contra las costumbres familiares que perviven dentro de las comunas no lo hago para que nadie se sienta culpable y a partir de mañana deje de ir a comer a casa de sus padres. No. Cada cual lleva su ritmo y es su práctica la que le permitirá hacer esto o aquello. Lo único que considero indispensable es reconocer los problemas, dejar de esconderlos. Pero reconocer los problemas no significa solucionarlos, por mucho que se piense en ellos, por mucho que se discutan. Pensar y discutir ayuda (siempre que no se llegue a los extremos de «crueldad intelectual» a los que me refería antes). Pero lo que realmente transforma es la práctica, lo que hacemos y sentimos cada día. A veces hay problemas que uno resuelve aparentemente pero que continúan actuando por dentro. Cogiendo el ejemplo de comer en casa de los papis: uno puede decidir no ir nunca más a comer allí.

Y, sin embargo, la dependencia, la incapacidad de saber alimentarse y cuidarse a sí mismo puede continuar exactamente igual. Y esa incapacidad recaerá sobre otras personas que se verán obligadas a hacer de papi o de mami. Ser dependiente no es ningún pecado. Nos fabrican así. Si se quiere superar en algún grado hay que reconocerlo, admitirlo y actuar en la práctica, aprender. Y en ese aprendizaje hay saltos bruscos, adelante y atrás. Hay momentos en que las cosas pensadas, leídas o habladas se convierten en realidad porque se experimentan en uno mismo. Y hay que darse marcha para que este momento llegue. Si uno se queda tirado sabiendo grandes verdades pero sin haberlas vivido, pues como si nada.

Y MUCHAS MÁS COSAS

Metiéndome en todo este rollo de las teorías y psicología he perdido el espacio que hubiera necesitado para hablar de muchas otras cosas que se me quedan en el tintero. Como las comunas-pensión, que son las contrarias a las de pandilla amontonada y amorfa, aquellas en las que la gente se limita a pagar lo que debe y a tener su habitación sin tener apenas ningún contacto con el resto de la gente. Como el asunto de las drogas, los hábitos de los círculos porreros trasladados a las comunas, la influencia del LSD en todo aquello de los límites personales. Como las comunas que desarrollan una actividad exterior común, las cooperativas, etc. Como lo de la crisis económica (en los años 60 las comunas fardaban de pasar de la sociedad de consumo, hoy en día más bien se quejan de no poder consumir nada).

Pero como tampoco soy una enciclopedia me quedo ya más que harto con lo dicho hasta ahora, al menos de momento. Cosas vividas, pensadas a trozos, que de repente se aglomeran en el papel, adquiriendo, eso también es cierto, una coherencia de lo escrito que es un poco peligrosa. Pasar del coco a la letra no deja de ser un vacile. Y al final lo escrito parece como si se alejase del autor y se declarase independiente: un producto, una mercancía. Y demasiadas mercancías de utilidad dudosa corren ya por ahí, sustituyendo a las necesidades reales y a la vida.

¡¡Marcha o muermo, venceremos!!*

«Star», 30 (1977), pp. 14-16

*Dedicado con mucho cariño a todos los comuneros, a los «sin nombre», a los «cocoteros», a los del Taller, a los «médicos», a los «pearson», a los campestres, a los de Horta, a los «blanquecinos», a los «valencianos», a los de J. Oriol, a los de comunajo, a los «bruquianos», a los de Nueve Barrios y a tantos otros de los que ahora no me acuerdo porque tengo el coco lleno ya. No veas.

7. MALDITOS *REMAKES*

Cuando la cooperativa-comuna La Miranda concluyó sus obras de remodelación, piedra y pintura, de diversas masías ecológicas y/o «barcelonáuticas», llegó el momento de las reflexiones y maduraciones.

Desde la muerte del Generalísimo nos habíamos lanzado a diversas aventuras, más o menos divertidas y creativas. No fue muy divertido, sin embargo, el enfrentamiento con los «antidisturbios» el día 1 de mayo de 1976. Motorizados por las aceras, rodeando con círculos de gases y balas de goma los puntos de la convocatoria, aquel día los «grises» –en su versión de «botas-pañuelo-y-casco-armados-hasta-los-dientes»– reconquistaron el poder en las calles de Barcelona, ante la indefensión y la sorpresa de los ingenuos que no sabían que los partidos mayoritarios en la Assemblea de Catalunya y en la «Platajunta» habían acordado ya la desmovilización y los pactos para la reforma (y no la ruptura..., y no la ruptura...).

El día 1 de febrero y el 8 siguiente, la mayor parte de la «contracultura» y de las filas libertarias había salido a la calle siguiendo a las columnas que, desde los barrios, llegaban al centro. Setenta mil personas, o más, mantuvieron una tenaz lucha contra unas «fuerzas de seguridad» desbordadas y desorientadas. Tuvieron suerte cuantos lograron librarse de los golpes y los gases y los tiros «al aire» que repartían sin tasa. Habíamos llegado a creernos que la calle era cada día «un poco más nuestra». Hasta aquel primero de mayo. *C'est fini.*

«Nosotros los malditos», serie de artículos editados por J. J. Fernández en su revista (*Star*), fue el fruto de la reflexión posterior a la desmovilización y el famoso «desencanto». El título (propuesto-impuesto por el propio J. J.) era excesivo: no éramos tan «malditos» –¡pensaba yo!– como se empeñaba en vernos el olfato exacto del editor «underground», que llegó a editar un número «Contra todos y contra todo», al que yo mismo aporté un artículo contra «el espectáculo» (progre).

Numerosos colectivos libertarios, anarcosindicalistas, de solidaridad con los presos «comunes», feministas, ecologistas, etc., aparecieron en el seno de la marea «democrática-radical» que presionaba furiosamente contra el siempre posible y amenazador retorno del «neofranquismo». Y la presión se traducía en la práctica fervorosa de la libertad de crear colectivamente, de afirmar la identidad propia, clandestina durante tantos años: COPEL, TRICOCO, LAMAR, CNT (huelga de gasolineras), Vídeo-Nou, Jornadas Libertarias, Cosa Nostra nuevas músicas (La propiedad es un robo, por ejemplo), nuevos grupos artísticos y literarios, revistas, etc.

Resulta muy difícil hacer un maldito *remake* de todo aquello. Será mejor que los lectores curiosos de la arqueología posfranquista pidan a J. J. Fernández y demás editores «marginales» (*Ajoblanco, Integral, Alfalfa, Vibraciones, el Rrollo Enmascarado, Víbora, Por Favor* –versión «Rolling Stones»–...) que faciliten reediciones de los ejemplares más destacados. Hoy por hoy, solo creo recomendable –si no existen problemas de copyrights– publicar el segundo artículo «Izquierdistas y grifotas» y el último (quinto) de la serie «Malditos» («La borrachera moderna»), pasando por alto el «Alucinados en masa» y el de «Formentera...», cosas ya bien sabidas por los «pensadores» y el público en general. Para más referencias, cabría solicitar el texto de la tesis de Romaní sobre las drogas en Barcelona, que recogió y elaboró los datos del *Star* y compañía. Como recordatorio, no me parece fuera de lugar reproducir íntegro el artículo sobre «... malas hierbas» que me publicó *Star* en medio o al final de los «malditos». Todo ello en castellano, que es el idioma en el que se mezclaban mejor los diferentes argots del «desasosiego» o la «basca» (quinqui, hippie, caló, catalán, acid-english, etc.).

Con todo eso, pienso que habremos digerido (?) y enterrado toda una etapa «paralela» de la historia reciente de la cultura y la política catalanas (y no solo catalanas) que era preciso revisar para dar paso a las expresiones nuevas o renovadas de aquella «contracultura» que fue lugar de encuentro para tantos izquierdistas, hippies, marginados, marginales y desencantados que todavía colean. Muchos de ellos son hoy gestores culturales, políticos o artísticos de una parte del Estado (la Monarquía Constitucional de las Autonomías). Otros siguen con la suya por vías más o menos marginales (independentismo, acracia, drogas, sectas, country-life, etc.). Y otros han muerto.

Tenemos también ejemplares únicos de mutaciones variadas. Damià Escudé, por ejemplo, que fue en su día el «acid-gurú» gerundense de intrincadas maniobras cósmicas, y que hoy encabeza la troupe de los hare-krishna locales. O Martí Capdevila, cabeza visible de la macrobiótica militante, que ha retornado, creo, al ejercicio de la economía asesora. Miembros destacados de aquella «gauche divine» que acogió con curiosidad y simpatía las «novedades» made in Berkeley (desde el zen en la versión de Alan Watts, hasta el anarquismo utópico de Paul Goodman), ocupan ahora altos cargos dentro de la política cultural o parlamentaria del país. Los introductores de la dialéctica maoísta, como Ferran Fillà (y otros miembros «de los de la prisión de Lérida»), continúan en la política activa, ya manteniendo el ideario que los separó del PCE-PSUC (para impulsar Banderas Rojas, Blancas, Partidos Comunistas Internacionales...), ya a través de reconversiones Poecialistas (Jordi Vallverdú, Jordi Borja...). No faltan los yuppies-exhippies con inquietudes culturales posmodernas y su BMW. Tal vez, para alcanzar niveles USA, nos falten productos irreconocibles de la cirugía plástica que ocultan a antiguos miembros de la fracción hippie radical (verbi gratia, Abbie Hoffman).

En el camino han quedado los nombres de los fallecidos por sobredosis, cirrosis, sida, accidente y otras trampas y espejismos proporcionados por el «black business» consustancial a la marcha del capitalismo internacional.

El aborto no es aún legal para todas, aún hay que hacer la mili, la salud depende de la maquinaria obsoleta de la Seguridad Social, los partidos han eliminado de sus programas electorales la legalización controlada de las drogas..., en tanto que la cocaína y las nuevas drogas sintéticas se difunden por los ambientes «in» o «jet» o «beautiful». Una parte de la «gauche» vuelve a respirar aires divinos debidamente amenizados por artistas prisioneros de un imparable «remaking» que solo puede dejar de revisitar obras, datos y fechas pasados cuando no queda más remedio que retornar al único territorio virgen: el *temps present,* el auténtico «*complete unknown*».

¿Cuánta gente vive, piensa o se expresa, ahora mismo, «*... with no direction home, like a complete unknown, like a rolling stone...*»? Los tiempos están A-cambiando y la respuesta, si no llega con el próximo número, está en la tramontana. Espero que la *Lletra de canvi* siga a la búsqueda del tiempo presente.

Publicado originalmente en catalán en «Lletra de canvi», 23 (noviembre de 1989), pp. 17-18

8. PAU RIBA «EL MADURO»

Hasta sus diecisiete años Pau fue un niño feliz, con sólidas creencias religiosas, nobles aspiraciones, sueños de grandeza y preocupaciones artísticas prematuras pero agradables. Los diez años siguientes fueron un laberinto. «¿Cómo llegará el marino del dibujo hasta la señorita?» Pau dibujaba su propio laberinto a base de amores, freudianismos, religiones, alucinaciones, canciones, voces divinas y provocaciones. Muchas veces, al llegar al final, veía, entre pelos y dioptrías, que aquella no era la salida: allí no estaba la señorita del dibujo. Retrocedía el camino andado y emprendía otros senderos, siempre dentro de las posibilidades del laberinto.

Ahora, a sus treinta años, juega a otro juego, el laberinto se esfumó de tanto pisar sus caminos. Ahora juega a construir un puzle, un rompecabezas. Tiene la ventaja de que por mucho que se toquen, las piezas continúan estando ahí, intactas. Cuando se conoce bien una pieza, se coloca en su lugar y a por otra. Hasta que el cuadro está completo y se enseña a los amigos. En vez de dibujar laberintos y meterse dentro, el Pau juega con piezas, las manosea, las coloca, las cambia de lugar. Él queda fuera, contemplando cómo se va componiendo el cuadro. El Pau ha recuperado su inmovilidad. Vuelve a ser «L'home estàtic» que antes fue.

–Yo en realidad, soy un médium, soy *l'home estàtic*. Me quedo quieto, aparece algo, lo miro, lo toco, lo pongo en marcha y el azar hace el resto. El resultado final, si la cosa funciona o no funciona, eso es algo que no tiene mucho que ver conmigo. Yo solo he sido el instrumento de algo oculto que buscaba la forma de hacerse ver. Y de cada cosa que pasa, saco una pieza del puzle.

–¿Y qué sale cuando el puzle está completo?

–Eso solo lo sé yo.

–¿Y no quieres enseñárselo a nadie?

–No es fácil enseñar algo. Hace falta que la gente quiera verlo y que yo lo coloque en un sitio donde pueda ser visto.

–¿Y lo buscas, ese sitio?

–Sí. Pero esto ya es otra historia. Hasta ahora yo he estado creando, ahora empiezo a re-crear. Cualquier niño puede crear cualquier cosa, pero casi ninguno puede recrear la cosa para hacerla comunicable.

–¿Y qué fue lo de Badalona, la «brillante reaparición?»

–Aquello fue decir: «Señores, ya tengo la historia completa, ya tengo muchas piezas del puzle y ya sé cómo empezar a explicarla, a compartirla».

–Y Canet, ¿el Canet del desastre?

–Aquello fue el primer fascículo de la historia y la última pieza del puzle. Mira, yo en Formentera estuve componiendo, hace ya muchos años. Estaba inspirado, me llovían revelaciones poéticas venidas de no sé dónde. Tengo un cajón lleno de óperas, letras, músicas. Pero entonces no tenía la técnica. Ni la técnica musical, ni la técnica de la actuación, ni la técnica de utilizar la máquina capitalista de la producción y el espectáculo. Tampoco me podía ayudar nadie. No había mánagers, no existían. Solo existía el negociete de la «cançó catalana» y, aparte de eso, una pandilla de piratas de lo más clásico y vampiro. Los de la «cançó» me apoyaron al principio de todo, cuando creían que yo era el continuador-renovador de aquel rollo, que estaba bastante estancado. Incluso aceptaban que fuese un provocador, un crítico, un protestón. Y por eso apoyaron mis primeros rollos, muy criticones, en plan «Conchita Casas». Todo lo de aquella época, aparte de algún ramalazo puramente poético, era protestón. Lo demás me lo guardaba porque sabía que los señores de la «cançó» no iban a permitir que me pasara. Y yo quería pasarme. No solo protestar sino viajar, tripar, volar, así que me cagué en mi abuelo, el poeta Riba, para ver qué decían los de la «cançó». Porque ellos me aceptaban porque yo venía de la tradición cultural catalana. Y claro, me quedé solo. Hice una prueba con la actuación del Price, a ver si me podía montar el rollo pasando de todo. Y en plan rock. Y con lo del Price vi que el rock necesitaba mucha infraestructura y que aquí eso no existía. Aquí nadie sabía nada de nada.

–Y entonces te largaste.

–Sí. Barcelona me ahogaba. La cultura, que a mis quince años era una cosa con mayúscula, cuando yo iba de existencialista de arte y ensayo, era una fantasmada. La ciudad, una mierda. La policía nos sacó de casa por una tontería y nos montaron todo un tinglado para meternos en la cárcel. Después de aquello hice lo que hacían los hippies: irme a Formentera y meterme en un trip de creatividad por lo libre. Fueron dos años de euforia creativa, pero sin ninguna salida. No había salidas, hablo de hace ocho años más o menos. Yo no podía sacar todo aquello porque no existían ni el lugar, ni los músicos, ni los mánagers, ni nada. A partir de entonces me dediqué a buscar salidas, a intentar ser mi propio mánager. Y eso me ha costado más de seis años. Y dedicarme a eso me ha impedido componer más. Todavía no he sacado a la luz ni la quinta parte de lo que creé en Formentera.

–¿Y saldrá algún día?

–Sí. Ahora ya sé cómo va el tinglado. Ya sé qué es la técnica empresarial, la técnica musical, la técnica de la actuación. He metido la nariz en todas partes. Para enterarme. Y me he enterado. Lo de Canet fue para mí una experiencia más en eso de meter la nariz. Metí la nariz y ahora ya sé cómo va.

–¿Y las críticas no te afectan?

–No. Con el Canet me he liberado de toda aquella carga, de todo el largo camino que va desde la creación hasta la re-creación, es decir, hasta el espectáculo montado. Las críticas son abejas mayas que pican a un bruto mecánico. Yo he quedado satisfecho: ya sé lo que quería saber. Mi mecánica continúa. Tengo una pieza más en el puzle.

–¿Y qué pasa con la gente que fue al Canet y se amuermó?

–El muermo no es nada nuevo. Está ahí cada día. A mí lo que me preocupa es la falta de euforia grupal, el individualismo de ahora. Ahora cada cual tira por donde puede. Todo el mundo pasa de todo, en el mal sentido. ¿En Canet se amuermó la gente? También se amuerman en casi todas partes. El problema es gordo y yo voy a por él, voy a buscar salidas.

–¿Vas a dar una alternativa enrollante para todos?

–Sí. A eso voy.

–Cuando lo de Badalona la gente decía que eras una estrella, por fin, una estrella del rock. Lo de Canet ha enfriado este rollo y la gente dice: ¿Por qué se mete el Pau a empresario ahora que ya era una estrella?

–Para que exista una estrella tiene que haber un firmamento. Si no hay firmamento y queda una sola estrella, esta estrella se convierte en el sol. Y el sol es algo que se quema a sí mismo, es el blanco de todas las miradas, es lo único que tiene luz propia. Y yo no quiero quedarme ahí fijo, quemándome, alumbrando en solitario.

–¿No hay más estrellas?

–Aquí no. Traen algunas de otras galaxias. Pero aquí no hay estrellas. Hay buenos músicos. Hay público para la buena música. Pero no hay estrellas del rock, estrellas con...

–Carisma.

–Eso. Aquí solo hay el sol, que soy yo, y la luna que es el Sisa.

–¿Y tú no quieres ser el Sol? Eres Leo, que es el signo solar por excelencia, el centro, siempre has dicho cosas en plan sol, emperador, rey. Me dijiste hace unos meses que, después de mucho lío con Libra, que es tu ascendente, querías recuperar tu identidad como Leo, como centro, como sueño de infancia de llegar a ser un nuevo Jesucristo. ¿Qué pasa con todo eso?

–Sí, sí. Yo, a partir de los diecisiete años, me vi metido en todos los conflictos de las relaciones amorosas, los trips, las ciencias ocultas. Llevaba una carga moral muy fuerte. Religiosa, freudiana, cósmica...

–¿Estabas en aquello de que «hay que ser así» para estar bien?

–Sí. Yo, mezclando religión, Freud, trips, ocultismos y demás, me estaba formando un rollo de cómo tenía que ser. Y la idea central era que tenía que aniquilar el ego. Todo apuntaba hacia esa idea. Desde el rollo oriental hasta el rollo cristiano. Que lo importante no era afirmarse a uno mismo sino hacer callar a tu propio ego para abrirte a la energía cósmica, al equilibrio con todo, a los demás.

Los trips ayudaban también a eso. Aniquilando la afirmación en mí mismo, liquidaba al Leo que soy y salía el Libra de mi ascendente, la búsqueda de equilibrio...

–¿Y cómo acabó la historia?

–Me lo pasaba mal intentando disimular mi ego. Hasta que recuperé mis sueños de infancia, mi Leo emperador. Y decidí realizar mis sueños.

–¿Y qué tal?

–Bien, gracias.

–Pero volviendo a lo de antes, ¿no quieres ser estrella?

–Yo soy un personaje. Un personaje que utiliza todo lo que puede para llegar a lo que quiere. No soy ni músico, ni actor, ni poeta...

–¿Ni empresario?

–Ni empresario tampoco. Utilizo todo para explicar cosas, como explicaban cosas el Ginsberg o el Allan Watts. Tampoco soy filósofo, soy un poco de todo. Ojeo, meto la nariz, busco datos, los superpongo, los mezclo para que pasen cosas. Y de cada cosa saco una pieza del puzle.

–Me parece que tienes dos almas. Una, arquitectónica, que va construyendo columnas, piezas, planos, pirámides, incansablemente, buscando el hilo que lo ligue todo. Y otra, poética, trovadora, inspirada, que alimenta el rollo, que te proporciona el contenido, lo que va dentro de las pirámides que construyes. Pero parece que, a veces, las dos almas se enfrenten y que la una castigue a la otra, la mande al exilio.

–La arquitectura me hace falta para construir el tinglado. La inspiración es divina, viene de no se sabe dónde, es una revelación que a veces no la entiende ni uno mismo cuando llega. Pero después, algún día, la recoges, la entiendes y el arquitecto la pone en su sitio...

–¿No te parece que todo es demasiado coherente, que

siempre lo haces ligar todo para que no quede ningún cabo suelto...?

–Ahora ya no me interesa la mecánica interna de todo esto. Se acabó el tiempo del control. Eres tú el que me metes en este tema. Yo, ahora, lo que quiero es hacer cosas, comunicar, lograr un consenso. Con-senso. O sea sentir con los demás. Hasta hace poco he estado en solitario, sintiendo muchas cosas sin poderlas compartir. Hay unos medios técnicos, una máquina de producir que no para...

–¿Está en crisis el capitalismo?

–No. Y tampoco lo está el show business. Hay que saber utilizarlo para ofrecer algo enrollante para todos...

–¿Una salida honrosa para la generación hippie?

–Una salida enrollante para todos. Yo estoy en una búsqueda incansable del punto de unión entre yo y los demás. Un punto común a todos. Los símbolos y los ritos básicos para poder montarnos la historia.

–¿Qué historia?

–Otra historia, nueva. Las historias están en crisis. La religión no sirve. Casi nada sirve.

–Cuando hablábamos del firmamento y las estrellas, quería preguntarte si no crees que la gente está viviendo en un infierno, que es el mundo tal como está, y que no tiene tiempo de mirar al cielo, con o sin estrellas, y que lo que busca son salidas prácticas, terrenales, rollos que le vayan bien...

–Yo continúo viendo un cielo muy claro. Lo oigo, lo siento, veo que la gente no se enrolla, me sabe mal. En Canet quise enseñar un trozo de cielo pero casi nadie lo quiso mirar, y hablo de cuando los preparativos: no recibí casi ninguna ayuda, ningún apoyo...

–Tampoco lo pediste claramente. Lo que se veía desde fuera es que tú te montabas tu tinglado y que decías por ahí si alguien se quería apuntar, pero no se veía que dijeses «vamos a montar algo entre todos» o entre varios.

–Es que no veo que nadie tenga humor de montar cosas. Quizá no sea todavía el momento. ¿Tú qué crees?

–Me parece que la euforia de después de la muerte de Franco fue algo bastante fantasmal. Era real, pero había demasiados proyectos, poca solidaridad y mucha gente en plan cohete: mecha encendida, sube, explota y cae el palo quemado. Te dije entonces, a principios del 76, que para mí más bien se trataba de buscar buenas bases de partida, trincheras sólidas para poder aguantar la explosión, el destrempe y los palos que podían caer. Y, después, hacer cosas. Este después quizá esté llegando, pero el destrempe posterior a la explosión ha sido muy fuerte. Además, la crisis, la poca plata... De todas formas si se quiere hacer algo entre muchos o entre varios, hay que buscar las formas de unión para que cada uno haga lo que mejor pueda hacer y que todo junto resulte agradable... ¿Tú qué vas a hacer de momento?

–¿Yo? Seguir. Ahora tengo datos. Puedo volver a componer. Pero también continuaré metiendo la nariz en todas partes. Todo puede ser útil y enrollante. La radio, el cine... El proyecto central de todas formas está claro. Voy a explicar más historias. Estoy preparando la forma de montar el «*Astarot, univers d'herba, la llei trinitària i polar...*».

–Siempre he pensado que era una pena que no cantases y trabajases más las canciones formenterinas y posformenterinas, la música simbólica-poética-trovadora, semiacústica. Me gustó mucho la parte de eso que hubo en Badalona. ¿Vas a dedicarte a este tipo de rollo? A mí es lo que más me gusta de tu repertorio y lo sacas muy poco. ¿No te has flipado demasiado con eso de que eres un rockero? ¿Te lo crees de verdad?

–Yo, es cierto, antes era un aprendiz de rockero. Ahora soy un rockero porque rock es todo. Sí, claro, también se puede hacer música sinfónica pura, o música angelical con orquesta de cámara. Pero el rock es el lenguaje básico de nuestro momento. En definitiva rock quiere decir roca, cosa contundente, angulosa. Quiere decir marcar unos tiempos básicos con unos instrumentos básicos. Encima de esto, combinándolo como quieras puedes hacer lo que quieras.

–¿Incluida la música simbólico-poética de la que te hablaba?

–Sí, sí. Aquellas canciones del período formenterino y del inmediatamente posterior son de lo mejor que he hecho. Al volver a Barcelona monté un grupo para tocarlas. Con batería, flauta, violín, bajo, guitarra eléctrica y acústica. Pero aquello solo era un ensayo. Era el primer grupo que montaba, no teníamos experiencia de grupo. Duró poco. Problemas económicos, técnicos, personales, etc. Aquella música se puede tocar sobre la base del rock, pero hay que tocarla muy bien. Y lo haré. Hasta ahora he estado utilizando las viejas canciones protestonas y criticonas porque eran las más adecuadas para entrar en el campo de batalla, para aprender, para asimilar el lenguaje rock. También las he usado hasta ahora porque hasta hace poco no he cambiado realmente de rollo.

–¿De qué rollo a qué otro rollo has cambiado?

–Antes era todo el asunto pre y post-LSD, la rebeldía, la crítica, cósmica si quieres, pero rebeldía. He estado tirando de este rollo hasta hace poco. Ahora he cambiado radicalmente. Ahora tengo todos los datos que necesitaba conocer para poder enrollarme como quiera, con mi música, con todo el simbolismo poético, como tú lo llamas. Poder enrollarme y poder sacarlo, elaborado, comunicable, a través de las formas adecuadas: con la técnica musical que se necesita, con la organización del espectáculo más conveniente, etc. En realidad el cambio es también el cambio de la juventud a la madurez. La juventud pasa de todo y debe hacerlo así. Para aprender, para montarse una historia válida, primero hay que empreñar, vacilar, investigar, no ligar nada. Hasta que ligas algo, lo elaboras y empiezas a intervenir de cara afuera, empiezas a dar cosas hechas, es un rollo más altruista, más dedicado a los otros. Yo ya he pensado por todos los líos esos, los conflictos de todo tipo, la pasada perdida, etc. Es como si vives en una casa y estás flipado y no ligas nada y luego, en la misma casa, con los mismos muebles, te enrollas de otra manera, la utilizas de un modo nuevo. Claro que la juventud y el no ligar nada puede durar tres años o quince años o los que sea.

–Vale. Pero volviendo a la música y al rock. Has hablado de inexperiencia, de falta de medios, de falta de salidas, de una historia larga y difícil para llegar a conocer todos los aspectos del asunto. Pero hay una cosa rara en todo esto y es que el disco *Dioptria*, el primero que sacaste hace casi diez años, está muy bien considerado. A la gente le gusta. Y el grupo, el acompañamiento, los arreglos están bastante bien. ¿Cómo pudo salir así si estabas al principio del largo camino?

–Fue un producto especial, una feliz casualidad, en una época en la que las felices casualidades eran posibles porque había bastante buen rollo entre los pocos que nos dedicábamos al asunto. No fue una obra mía solamente. Fue una obra conjunta. Yo, el Toti Soler, el Escalas, el Sabatés... Una conjunción milagrosa pero irrepetible. Después vinieron los problemas con músicos principiantes, como yo mismo lo era entonces. Los músicos profesionales no podían tocar conmigo porque yo me llevaba un rollo propio muy fuerte y en cambio técnicamente no podía controlar el asunto. Ellos se iban cada uno hacia sus rollos y la idea quedaba desmontada. Se me comían. Y los principiantes no llegaban a alcanzar el punto que yo quería. El problema de todo músico es hacer entender su fantasmagoría propia. La mía es complicada porque además quiero que sea algo común a todos, algo que no solo me explique a mí mismo sino que abra puertas a otro rollo para todos. Yo busco la conjunción entre la simbología cósmica-la música-la organización-la gente. Hasta ahora no he superado los problemas que presenta esa combinación difícil. Ahora tengo los datos del problema.

PUNTO Y APARTE Y RESPIREN UN MOMENTO

Yo también voy a respirar un momento y voy a explicar una cosa.

La entrevista que hasta aquí habéis estado leyendo no es una entrevista. Son varias. Son varias conversaciones y diálogos y monólogos con el Pau Riba. Estuvimos hablando varias horas varios días. Y anteriormente ya habíamos hablado algunas horas, bastantes días durante los últimos años. Esto que habéis leído son trocitos de conversaciones escogidos para formar una aparente única entrevista. He cogido trozos un poco al azar y un poco con la intención de seleccionar temas interesantes tratados directamente, sin demasiada pompa. De toda la imaginación y capacidad narrativa del Riba he ido a buscar los trozos en los que el lenguaje era más directo y comprensible. Vosotros ya sabéis que el Riba tiene mucho más rollo que el que aquí he ido separando y pegando. Entre medio hay incursiones a cielos e infiernos variados, multicolores, hay vaciladas, hay pasadas por ambas partes. Pero todo eso sería un libro psicodélico para fanáticos del viaje en globo. Se quedan en el tintero cantidades de rollos sobre el LSD, el sexo, la rosa del desierto, los faraones, yogas mentales, mundos dobles y así. El Riba, en la última conversación, ayudó mucho a esta comprensión más directa. Respondió de forma más sencilla que la habitual y evitamos recíprocamente la enrollada infinita a la que estamos acostumbrados. Así pude reconstruir mejor rollos anteriores. Y, ya en plan entrevistador y para saciar la avidez de moda, ahí van preguntas y respuestas rápidas, al estilo de los tests de revista de mundología. Acabar vacilando siempre es una buena forma de acabar, creo.

–¿Harás más Canets?

–¡Ufff!

–¿Crees que hay algún movimiento en la gente?

–Sí, el movimiento rumbero de las caderas de ciertas mujeres.

–¿Ligas mucho?

–A temporadas. Últimamente, menos. (Pon esto subrayado a ver si pican.)

–¿Estás enamorado?

–Sí.

–¿Droga preferida?

–LSD. Aunque ahora casi no me afecta. El hash, como siempre.

–¿Continuarás dando broncas cósmicas?

–Soy un broncas profesional.

–¿Tarradellas?

–*Té buides les mamelles* (Tiene las tetas vacías).

–¿Vas al médico?

–Nunca.
–¿Bob Dylan?
–OK.
–¿Barcelona?
–*Sempre és bona* (Siempre es buena). Es mi madre.
–¿Próxima bronca?
–El Astarot, pregaláctico como siempre. Precede a la galaxia.
–¿Te lo pasaste bien en Canet?
–Sí, cuando me dormí y soñé y desperté y entonces conecté con la gente.
–¿Eres rico?
–No. Espiritualmente sí.
–¿Te gusta mucho comer?
–Sí.
–¿Estás loco?
–Sí.
–¿El rollo de los Papas?
–Todos se morirán.
–¿Yoga?
–Que le den pol saco.
–¿Tienes coche?
–Sí, pero no sé conducir. Tengo un Simca 1000 de mil años.
–¿Eres miope?
–Sí, pero paso de gafas.
–¿Lavas platos?
–Sí.
–¿Dios?
–Adiós.
–¿Rimbaud?
–Era un personaje, ¿no?
–Año 2000.

–Mucho gusto.
–¿Parte más erótica tuya?
–La punta de la polla.
–¿En las tías?
–Las tetas.
–¿Franco?
–Un pájaro.
–¿Miseria?
–Mucha, mucha miseria.

«Star», 43 (enero de 1979), pp. 32-36

9. VÍCTOR JOU, EL HOMBRE ZELESTIAL

Ojos azules y pelo rubio, delgado e introvertido, el hombre Zelestial aparenta muchos menos años de los casi cuarenta que lleva a cuestas. Nació el año de la victoria de Franco, en la Plaza Real, la plaza de las palmeras y las cervezas, el corazón del barrio viejo. Quién le iba a decir a Víctor Jou que su plaza natal iba a ser el primer lugar de cita de los hippies de los años sesenta. Y quién le iba a decir que tras su ascenso a los barrios altos iba a volver a la Barcelona vieja y húmeda para abrir las puertas del Zeleste.

V: Soy Piscis, ascendente Cáncer. Esoteria total. Piscis se muerde la cola, es un signo recuperador de su propia historia. Por eso no me extraña haber vuelto al barrio viejo. Vuelvo a mi Barcelona de antes. Mi padre era un artesano de la joyería y también periodista. De mi infancia y de mi barrio recuerdo imágenes de miseria, realquilados, inmigrantes recién llegados, derrota. Mi familia era republicana. Mi padre fue depurado de su trabajo en la prensa. Yo me crie en un ambiente de callada resistencia y de nostalgia por la cultura propia arrebatada. Nunca hice política activa pero participaba de ese ambiente nacionalista y culturalista que flotaba en la familia, en los scouts, en los amigos.

P: ¿Te identificas mucho con eso de los signos?

V: Sí, sí. Mis dos signos son de agua. Introversión, sensibilidad, intuición. Yo funciono a base de vivencias de estómago. Entro en trance y me quedo colgado. Renazco cada seis meses, recupero lo que me he dejado por el camino, me entusiasmo por nuevos proyectos y sigo. Un Piscis siempre da vueltas sobre sí mismo. No tiene enemigos. Si corto una relación soy enteramente capaz de volver a recuperarla, siempre que la otra persona también lo quiera, claro. Mira, yo aprendí a ir en bicicleta a los treinta años. Era algo que me había dejado por el camino. Una laguna, una frustración. Y a los treinta me lanzo y aprendo.

P: ¿Has currado mucho a lo largo de tu vida?

V: A los catorce años empecé a trabajar de tornero a ratos, mientras estudiaba el peritaje industrial. Cuando acabé el peritaje empecé a trabajar en empresas más grandes. La Roca, alguna fundición y después en el gabinete de consultas del Colegio de Arquitectos, como ingeniero consultor de termotecnia. No era ingeniero pero me había especializado en termotecnia. Y así continué hasta el año 76. O sea que solo hace dos años que me dedico enteramente a Zeleste. Y ahora quiero dedicarme más a mis cosas. Cosas que hace tiempo que tengo en reserva. El violoncelo...

Por la puerta trasera de Zeleste entra y sale gente continuamente. Músicos, gente del despacho. Estamos sentados en un sofá viejo, con poca luz. Son las siete de la tarde y la máquina zelestial empieza a ponerse en marcha. Claudio y Guillermo, camareros y socios al tanto por ciento, se abrochan las chaquetillas blancas. El Zeleste está desierto y limpio, sin humo. Me olvido la famosa pregunta. ¿Cómo es que siendo especialista en técnicas de acondicionamiento de ambientes Víctor no haya conseguido eliminar la humareda y el agobio de calor humano que se acumula en la sala a últimas horas? Fumamos un cigarro tras otro. Víctor está un poco nervioso pero no más que de costumbre. Tose y mira hacia los lados de vez en cuando. Yo estoy bastante agotado. Resaca de carnavales.

P: ¿Cómo es que con una tradición culturalista y metido en el ambiente progre del Colegio de Arquitectos no fuiste a parar al rollo de la «cultureta catalana» o la «gauche divine»?

V: Yo nunca he sido de la «gauche divine». Les conocía, les veía, pero no me integraba en su ambiente. Yo nunca fui a Bocaccio y todas esas cosas. Yo quería recuperar mi historia, ganar el tiempo perdido. No quería envejecer con ellos. Además yo soy solitario.

P: ¿Fue entonces cuando descubriste a los hippies?

V: Sí. Una de las cosas que me apartaban de los progres divinos era lo del cuerpo. Yo quería darle vida a mi cuerpo, descubrirlo, disfrutarlo. Y todo eso lo veía en los hippies, en el ácido. Y antes de conocer a la gente de la «gauche divine» me había fijado en los amigos de mi novia de entonces. Eran de los primeros hippies por aquí. Eso debía de ser hacia el 1966. Yo tendría unos veintiséis años. Y me fui inclinando hacia ellos. La música, el rollo, el campo. Además dio la casualidad de que era vecino de Pau Riba y Mercè Pastor que vivían en una torre por allí cerca, subiendo hacia el Tibidabo.

Después vino lo del Guinardó, pienso yo. Y lo pienso porque yo estaba por allí. En una casa nueva, diseñada por uno de los arquitectos divinos, nos juntamos un buen puñado de hippies primerizos. Los pisos tenían siempre las puertas abiertas y las fiestas y rollos circulaban de un piso a otro en un ambiente de gran Psicodelia. En uno de los pisos estaba Víctor Jou, separado ya de su mujer. Al principio nosotros le veía-

mos como un elemento simpatizante pero alejado. Era tímido, algo mayor que nosotros, con más dinero. Poco a poco, pasada la época de las primeras grandes locuras, entramos en contacto. En su casa se oía buena música y se hacían magníficas comidas macrobióticas, guisadas por el maestro cocinero, el hippie veterano, el Martí.

V: En el año 70 me fui a Londres. Fui solo. Era la época fuerte de Cream y compañía. Estando allí se me ocurrió lo de Zeleste. Siempre necesito alejarme un poco de la vida normal para poder pensar, para poder pasar revista y tener nuevas ideas. Ahora voy a tener que hacer lo mismo. Voy a desaparecer durante un tiempo. Hay que cambiar muchas cosas. Yo mismo he de cambiar en algunas cosas. Últimamente había caído en la absorción total por el tinglado, por todo el jaleo de Zeleste. Ahora necesito reencontrar mi vida privada, mis rollos personales. Algunos aspectos de Zeleste han de cambiar. Lo de aprovechar los viejos espacios a base de arreglos pobres, respetando la fisonomía del lugar, todo eso de los muebles viejos de los Encantes, la luz baja... Todo eso en su momento, en el año 73 cuando se abrió Zeleste, era algo nuevo, diferente, vanguardista. El diseño del local y su decoración fue todo un éxito en el aspecto formal. Salió en revistas de diseño y todo el rollo. Ángel Jové lo hizo a su manera y lo hizo bien. Todo ese aspecto vanguardista, el tipo de decoración, fue un factor determinante para que desde el principio los progres divinos, las vanguardias culturales, se sintiesen atraídos por el local, mezclándose con los incondicionales más directos, es decir los hippies y los músicos. Ellos fueron los que más rápidamente y con mayor claridad entendieron el rollo, lo apoyaron y lo hicieron suyo. Ahora la cosa está gastada. Hay que cambiar el espacio y el decorado. Por ejemplo, a lo mejor, igual en vez de estar todo semioscuro se tiene que poner cantidad de luz y eliminar el tipo de mueble antiguo. No sé. Y cambiar el tipo de espacio quiere decir también cambiar el tipo de público...

Tardo un rato en reaccionar. De repente me he imaginado un Zeleste lleno de potente luz blanca y espacios abiertos y colores metálicos. Un Zeleste futurista. A pesar de la sensación de aburrimiento que muy a menudo me invade cuando me dejo caer por el Zeleste, a pesar de que cuando tras varios meses de ausencia aparezco en el Zeleste y me dijo «Hostia, ¿cómo es posible que todo continúe igual aquí?», la idea de un Zeleste totalmente diferente y «moderno» me ha flipado. Como cuando un viejo amigo aparece un día con el pelo corto y te dice que está haciendo de agente de importación de una empresa japonesa. O como cuando vas al bar viejo de tu barrio y te lo encuentras en plan frankfurter y no ligas nada. En fin, ya veremos, que la entrevista tiene que continuar.

P: Tú no tienes mucha pinta de empresario. Te falta labia y todo eso. Parece como si siempre estuvieses escondido detrás de alguna de las cortinas del Zeleste. ¿Has ganado mucho dinero?

V: Soy un mal empresario. Muy malo como empresario. Cuando tuve la idea en Londres y volví aquí, me asocié con Pepe Aponte. Alquilamos el local y nos tiramos dos años sin poder abrir por desconocimiento de todos los trámites y tinglados. Primero pedimos permiso como baile. Luego vimos que la figura legal de café-concierto nos convenía más. Nos pusieron muchas trabas en todos los permisos pero al final abrimos. Yo estaba algo preocupado en plan económico. El éxito fue total. Fue una sorpresa. Pero yo continué trabajando como técnico durante tres años más. Sí, ha habido beneficios. La cosa ha funcionado. Pero nos lo hemos gastado casi todo, muchas veces en tonterías o por falta de experiencia. Equipos de sonido que teníamos que cambiar al cabo de pocos meses, etc. Yo no vivo en el lujo. De hecho, no lo necesito. Con muy poco puedo vivir. No tengo ni grandes vicios ni coches de lujo ni me voy a las Bahamas. Tampoco tengo herederos. En fin, que no necesito mucho dinero.

P: ¿No te va lo de tener hijos?

Víctor Jou se ríe de repente. «¿Ya estamos en el consultorio sentimental?» Pero luego se enrolla. De hecho, parece no importarle demasiado hablar de Zeleste o hablar de él mismo como persona. Al empezar la entrevista ambos habíamos coincidido en que eran tan interesantes las cosas concretas y personales como los rollos generales sobre la música, los movimientos culturales y todo el rollo.

V: Hombre, de momento no he sentido la necesidad de multiplicarme o no me he encontrado con ninguna mujer que me incitase a hacerlo. Quizá puede pasar algún día. Yo he estado casado, separado, «amancebado» un par de veces largas y algunas otras cortas. Sufro enamoramientos, los pierdo, no sé. La pareja está bien, pero se acaba, se agota. Yo necesito mucho a alguna persona, una historia con alguien. La convivencia diaria muchas veces deteriora la relación. No tendría que ser así. Cada uno a su aire. Yo, como buen Piscis-Cáncer, a lo que voy es a la recuperación de antiguas relaciones pero de otra manera. Mi rollo de ahora es este: recuperar una antigua relación que se rompió, reenamorarme, reconstruirla de una manera diferente. No sé si me saldrá bien.

P: ¿Has tenido problemas fuertes de relación personal aquí, con la gente de Zeleste?

V: Problemas fuertes no, pero problemas sí. Lo más complicado es cuando alguien que trabaja aquí se quiere hacer fuerte. Se enquista y pierde flexibilidad. Se agarra a algo fijo y no lo suelta y pierde de vista la perspectiva de evolución continua. Entonces hay problemas. Es comprensible que pasen cosas así. La gente busca estabilidad económica. Pero Zeleste tiene que ser flexible. Como el proverbio chino «un junco flexible que se dobla con el vendaval, pero nunca llega a romperse». Esta es mi idea de las cosas. Pueden pasar muchas cosas. Las modas cada día son más rápidas. Nacen y mueren casi en el mismo instante. Como todo eso del punk. Pero, vendavales aparte, modas aparte, siempre ha habido gente que ha seguido su propio camino, con mayor o menor popularidad, a veces muy marginalmente. Gente que se cierra en su agujero y hace sus cosas. Y si sigue hasta el final acostumbra a ser gente que deja huella, que abre puertas. Gente de la que se hablará dentro de cien años, como Miles Davis, por ejemplo.

P: Vamos a meternos más en eso de la música. La gente que critica a Zeleste dice que aquí solo se hace un tipo de música, muy «catalana» e intelectual, y que además esa música es aburrida. ¿Qué piensas de eso?

V: El balance musical de Zeleste es muy positivo. Si volviera a empezar, yo haría lo mismo. Desde que se abrió en el 73, aquí se ha impulsado una música que era la de mayor nivel en aquel momento. Se fabricó una infraestructura para los músicos que hacían una música más propia, más evolutiva, más alejada de mimetismos y copias. Y esa música ha florecido y ha seguido una evolución. Si el rock tradicional no ha funcionado durante estos últimos años ha sido porque los propios músicos habían superado este tipo de lenguaje y buscaban cosas nuevas. No niego que eso ha sido una opción, una elección que viene dada por gustos culturales propios. Pero no puede ser de otra manera. Lo que pasa es que al ser Zeleste el único local que ha funcionado, se ha convertido en el blanco de todas las críticas y de todas las demandas. Si hay más rollos a mí me parece muy bien que se abran otros Zelestes, otros locales con ondas diferentes. Zeleste ha abierto las puertas a otros rollos como Gong, Pauta, Ocre, etc. Mejor. A mí lo que me gusta es que a medida que Zeleste crea nuevos rollos, estos se subdividan como células que se reproducen. Y que vuelen con alas propias.

P: ¿Qué quedará como rollo propio de Zeleste si se van desgajando «células con alas propias»?

V: En este momento hemos llegado a un doble nivel musical que me parece muy positivo. Por un lado los músicos han conectado con las raíces de la música popular, con los ritmos latinos. Esa música, bien tocada, está asumiendo el rollo pop, es decir el rollo popular y comunicativo, fácilmente asimilable y divulgable. Son los grupos como Sardineta, Gato y Trilla, Voss del Trópico, etc. Por otra parte seguimos con la música de evolución personal. Música Urbana, Toti, Sabatés, etc. Las dos músicas se necesitan la una a la otra. La gente que se enrolla de entrada con el ritmo latino puede conectar más tarde con la evolución que a partir de aquí siguen los Totis y compañía. En definitiva creo que hemos aprendido la lección del extranjero. Allí la música pop se ha vuelto demagógica e industrial. Se ha acabado la época de los Pink Floyd y toda esa música aparatosa y demagógica. En su momento estaba bien. Ligaba con la gente que iba a alucinarse más, a tripar, etc. Ahora la cosa va más sencilla. Las armas son otras. Ahora no es revolucionario hacer grandes óperas sinfónicas. Lo revolucionario es lo sencillo pero corrosivo, la búsqueda incesante de nuevos lenguajes musicales. Repito lo de antes. La gente ha de cerrarse en sí misma y buscar nuevos caminos. Los hippies se han acabado. La música psicodélica también. Nacen y mueren muchas modas, pero hay que mirar a lo lejos.

P: ¿Crees que hay energía en la gente? ¿Crees que la democracia cambia las cosas?

V: La gente tiene energía y evoluciona con rapidez. Pero los medios de comunicación no son democráticos. Entonces solo queda el camino marginal y la conexión con la base es difícil. Pero eso tiene sus ventajas porque la industria de las modas siempre llega tarde y nosotros seguimos haciendo lo que queremos. Mira, en Madrid al principio del rollo había mucha gente progre en la radio y en la tele, pero no salió nada. Las cosas no se pueden sujetar y controlar. Aquí, como no se preocupaban de nosotros, hemos podido hacer y deshacer. En Madrid el Zeleste no habría podido funcionar. Claro, siempre habrá manipulación. Fíjate en las democracias europeas, donde los programas de la tele y de la radio están programados por computadoras.

P: ¿Qué piensas de todo eso de los libertarios?

V: Yo siempre he ido por libre. Todo lo que se institucionaliza, muere. Yo creo en la inspiración de la gente, pero desconfío de todas las banderas, aunque sean negras y rojas. Quizá pensar así sea ser utópico, pero yo siempre he ido así por el mundo.

P: ¿Qué pasa con las bandas de pasotas y las redadas y todo el problema de «orden público» en Zeleste?

V: En la primera época hubo algunas redadas serias. Después ya no. Solo inspecciones periódicas, vigilancia, etc. Todo eso está dentro de la normativa usual para todo tipo de locales nocturnos. Hay oleadas de bandas de gente que viene a buscar rollo, a ligar quiero decir, y como no encuentran tías, se aburren y se van. Y además como la música de aquí no les va, pues no lo aguantan. Y si encima se encuentran o coinciden con una inspección, pues acaban de desmoralizarse y se van. Es gente que curiosea, le suena el nombre, viene y no se enrolla y se va. Nada más.

P: Volviendo a lo de la democracia. Ahora hay muchas fiestas populares, verbenas, y todo eso. ¿Qué hace Zeleste respecto a estos tinglados?

V: Ya no montaremos más tinglados gordos. Hicimos lo de Canet que fue la primera gran fiesta. Ahora eso lo hacen las asociaciones de vecinos y otros grupos promotores. Nosotros colaboramos, montamos el sonido, van algunos grupos a tocar, pero nada más. Zeleste continuará buscando cosas cualitativas, especiales, nuevas.

P: ¿Tienes idea de cómo puede acabar todo esto?

V: No sé. Zeleste tiene público para rato, un público que irá cambiando, una música que irá cambiando. Si Zeleste envejecerá conmigo o seguirá buscando nuevos caminos por su cuenta es algo que no sé. Sería preferible que pasase lo segundo, pero también puede pasar que se convierta en el local de una generación, la mía y la de mis amigos, y que vaya acompañando a esta generación en su envejecimiento.

Víctor Jou vuelve a reírse de repente. No una carcajada, más bien una risa corta y divertida, como de un niño pillo. Y añade: «O puede pasar como con la historieta de aquel famoso local que fue Els Quatre Gats. Un día el dueño se levantó cabreado, cerró la puerta y se acabó».

Se acabó la entrevista. Los dos tenemos el coco bastante lleno. Son más de las nueve y me he tirado como dos horas hablando con Jou. El Zeleste ya funciona. La gente tranquila y modosita de las nueve ve cómo salgo de la puerta donde pone «despacho». Atravieso todo el local y salgo a la calle Platería. Siempre me cabrea que se haga de noche sin que me dé cuenta. La luz gris azulada de los faroles me pone de mala hostia cuando me la encuentro de repente. Voy sin afeitar y medio alucinado de hambre. Debo parecer un olfateador despistado. Ni yo mismo sé si me entero o no me entero de lo que olfateo. Y es que el tabaco llega a insensibilizar el sentido.

«Star», 34 (1978), pp. 13-15

10. MINISTRO FATAL. LA CIUDAD SIN CARNAVAL

El sábado de carnaval fue gris. Las Ramblas tomadas por la policía como en aquellos buenos tiempos. Carnavales callejeros ilegales. Desde la Diagonal bajaba un grupo de doscientos o trescientos enmascarados. Intentos frustrados y otros menos frustrados. Una guerrilla de disfraces que tuvo que huir de la policía. El gran carnaval había sido prohibido con solo dos o tres días de antelación. Motivo: en Barcelona hay mucho golfo suelto, la fiesta podría haber dado origen a actos delictivos o vandálicos. En Madrid, el carnaval fue «desaconsejado».

Las cosas sucedieron con precisión matemática. El ministro Martín Villa habla por la tele y dice que lo de Atocha (el asesinato de los abogados laboralistas) y lo del *Papus* (atentado con muerte del conserje) ha quedado claro. Lo que le preocupa –dice el señor Ministro– son esos grupos libertarios que pululan por Barcelona. Casi simultáneamente al discurso del señor Ministro son detenidos dos comandos libertarios acusados del atentado a Scala. Y a los pocos días se prohíbe el carnaval en Barcelona. Muchos barceloneses se largaron a Vilanova como cada año a desmadrarse a fondo en las Ramblas de esa ciudad privilegiada que celebra su carnaval con una constancia inusitada. Otros se fueron a Canet, donde actuaba la Orquesta Platería, que sonó con marcha y alegría durante muchas horas. Otros más intentaron celebrar el carnaval en las calles de Barcelona a pesar de todo. Algunos lo consiguieron, otros no. Ambiente de gran cabreo entre toda la gente marchosa. Por la radio algunos infiltrados manifestaron su desacuerdo con la prohibición y hasta lanzaron manifiestos carnavaleros de protesta y desagravio. Y mientras tanto en el obelisco de la Victoria del Paseo de Gracia (el lápiz, como le llaman los barceloneses) lucían unas hermosas cruces gamadas, a todo color. Allí los pintores se tiraron al menos una buena horita pintando. Y allí quedó intacta durante largo tiempo esa bella decoración, muy acorde por cierto con el monumento.

Dos ofensas graves a la ciudad y una amenaza en el aire. Todo aquel que no pertenezca a ningún partido o sindicato y que se mueva un poco puede ser considerado libertario y lo libertario es lo malo de ahora. Lo ha dicho el señor Ministro. Y si lo dice el señor Ministro lo dirán los gobernadores civiles, los jefes de policía, los comisarios, los sargentos, los cabos, los números (disidencias aparte). Todo eso de lo libertario, la COPEL, la delincuencia, los drogadictos, todo se mezcla y forma la chusma indeseable culpable de tantas desgracias. Y desde el poder se va fomentando un clima de miedo y de paranoia antidelincuencia para que la gente busque paz y orden. Y la paz y el orden es lo que ofrecen desde el poder. Y los partidos de izquierda también piden más orden, más policía en los barrios. Y el indulto para los comunes se queda en la cuneta. Y mientras tanto los grandes estafadores, los que fabrican casas-cementerio que se agrietan a los dos años, los que se llevan la plata a Suiza, los que durante años han obligado a miles de personas a largarse de sus tierras para ir a currar a la ciudad-cementerio, metiéndolos a saco en barrios asquerosos llenos de hormigón y barro y en fábricas igualmente asquerosas, contaminantes, agobiantes, esa gente que al mínimo riesgo ha retirado la pasta y ha dejado a los currantes sin siquiera el desgraciado trabajo en el que les habían metido, esa gente, los grandes estafadores, esos son los que gritan pidiendo más orden. Ellos han creado el desorden. Muchos de ellos deberían estar en la cárcel. Y en cambio lo que hacen es negar el indulto a los comunes. Y encima nos quitan el carnaval porque la chusma puede descontrolarse demasiado. Lo que es demasiado es el tinglado que nos han montado. A nadie le gusta que le violen, le roben o le maten. Eso está claro. Pero también está claro que los delincuentes nacen del caldo de cultivo que los grandes estafadores han creado con la asquerosa y frustrante vida que nos han obligado a vivir. A la larga el único remedio contra ese caos es la libertad, el bienestar (en el sentido auténtico de esta palabra: estar bien, ser feliz), la alegría, el vacile, la plenitud sexual, la desaparición de todas las represiones y prohibiciones, la igualdad. Y todo eso es incompatible con los grandes estafadores.

Eso es lo que así de repente se nos ocurre decir ante la descarada maniobra «antichusma» que se está montando.

Y al señor Ministro quisiéramos decirle que si su trabajo consiste en velar por el orden público y la tranquilidad ciudadana podría empezar por eliminar las causas del desorden: la explotación, la humillación de hombres y mujeres por trabajos degradantes y educaciones represivas y ciudades infrahumanas. Nosotros, por nuestra parte, velaremos por conseguir el máximo grado de libertad y de felicidad, empezando por nosotros mismos.

No podrá haber orden si no hay libertad, si no hay igualdad, si no hay felicidad. Y si hay libertad, igualdad y felicidad habrá orden, pero no un orden represivo. Un orden desordenado y armonioso. ¿Utopías? ¿Sueños de jóvenes rebeldes? Puede que sí, pero cada vez hay más.

GRUCACA
(Grupo de Carnavaleros Cabreados)

LAS CALLES ESTÁN FRÍAS Y EN LOS ANTROS BAILA LA CHUSMA
(Completamos el panfleto de GRUCACA con esta narración de Malvido, real como la vida misma.)

Los relámpagos intensos de los nuevos coches patrulla fogonean las esquinas de un azul tormenta. Iba andando entre aburrido y ansioso por las cercanías de los tugurios del barrio viejo. Destellos azules rebotan por las paredes de la anciana iglesia. Segundos después los grupos de indolentes callejeros nocturnos eran asediados por una veintena de agentes uniformados y media docena de agentes secretos. Piernas abiertas, cacheo rápido, telefilm americano. Me sacudí el aburrimiento de encima y me dirigí directo hacia el hormiguero. Casi lo atravesé, mirando curioso. Cuando ya estaba al otro lado de la red me llaman. «¿Tienes carnet?» «Sí, señor.» Lo saco de mi cartera de piel marroquí. «¿Estudiante?» «No, ya acabé.» Me mira a los ojos. «¿Y ahora qué haces?» «Trabajo como economista.» Me palpa los abultados bolsillos de mi vieja chaqueta de pana. Mete la mano en uno de ellos y rebusca con los dedos entre un montón de cosas. «Llevo muchas cosas. Un cable para grabación, un espray para el dolor de garganta, un trozo de moqueta, papeles arrugados y escritos...» Me mira, todavía con el carnet en la mano. «¿Dónde vives?» Le doy mi dirección. «Vete.»

A algún chaval le han encontrado algo. Cruzo la puerta

y entro. En el vestíbulo está el chaval, custodiado por dos agentes. Dentro, el cantante está a punto de empezar pero le falta la mitad de los músicos. Más tarde nos enteramos de que están retenidos en un bar cercano, al parecer por falta de documentación. Los camareros van a buscarlos. Se ve que la redada está siendo amplia y rigurosa. Entro en un corrillo que hay cerca de la barra. Se comenta lo del discurso de Martín Villa, la prohibición del carnaval, las redadas. En ese momento de la conversación entran los agentes. Primero dos o tres más o menos desconcertados. Luego todos los demás y los que van de paisano. Se pasean entre el público. Todavía es relativamente pronto y la gente que hay está sentadita en filas frente al escenario, esperando la actuación. Doscientas pelas la entrada. Mayoría de progresía más o menos seria. Los agentes van pidiendo carnets y palpando bolsillos y botas. Los de paisano se mueven con más rapidez, hablan entre sí, señalan. Se dedican con especial atención a algún sospechoso. Pido un whisky al melenas de la barra. No he cenado y me cae como fuego en el estómago vacío. Los agentes vienen hacia nosotros. Lo mismo de antes. Carnet, bolsillos, preguntas.

Al cabo de un rato salgo del local. La música acaba de empezar. Poesías cantadas a ritmo tropical por un cantante gordito y algo nervioso. En el vestíbulo el número de retenidos ha aumentado. Cruzo el barrio viejo y voy hacia el baile de carnaval a medias. Llego muy tarde y casi se está acabando. Me pongo una careta de monstruo y entro directo al baile, saludando con un gesto de Frankenstein al cobrador. Bailo entre la gente que me mira entre divertida y mosqueada. No estoy muy en forma pero vacilo un rato. Veo caras conocidas. A la salida del teatro (el permiso se acaba a la una y media) la redada ya ha llegado hasta allí. Cansado, me entretengo en el pequeño bar del teatro. No quedan bocatas. Un par de pastas. Salgo fuera y los bares están cerrados. Hoy tampoco cenaré. Un grupo de gente marchosa continúa la juerga en una discoteca rancia y vacía que se llena de repente de disfraces y movimientos de cadera. Gin-tónic y el meneo. Menos mal que conseguimos que suenen los Rolling un rato. Y vacilo bastante bailando. A la calle otra vez. Relámpagos azul tormenta. Alguien invita a continuar en un piso de la parte vieja. Me entretengo entre los borrachos y las putas del drugstore, intentando conseguir un pincho. Diez duros. Mantengo una conversación laboriosa y laberíntica con un borracho muy agudo. Por fin llego al piso. Una casa vieja y húmeda en una calle ídem. Dentro suena una especie de opereta italiana. La poca gente que hay está sentada como en una sala de espera, sonriendo bobaliconamente. Un objeto contundente rompe el cristal de la ventana. El anfitrión, el amo de la casa, se asoma al balcón. «Tío, te van a romper la crisma, pasa de todo.» «¡El tocadiscos estaba flojito, joder!» Alguien trae pastas calentitas y nos las comemos, entre sorbos de ginebra. El personal va desapareciendo formando parejas. Yo también me largo con mi chica. Las calles están frías.

Las paredes de mi casa están a medio pintar. Con algo de dolor de cabeza me despierto y voy a ver qué se puede hacer con las mezclas de colores para que quede un color guapo en la pared.

A los pocos días, y ya metidos en la onda, me voy al carnaval de las afueras, al otro lado de la montaña. No sé qué coño ponerme ya. Me visto todo de rojo, me pinto la cara en cantidad. Merche y Juanito han traído un seiscientos. Nos acabamos una botella de champán mientras nos damos los últimos toques al disfraz. Me meto una media en la cabeza y la relleno de papel. Me queda un coco enorme en forma de montera de torero. «¡Coño!, voy de torero, hasta ahora no me había dado cuenta.» Aprovecho una chaquetilla con hombreras y lentejuelas y nos metemos los cuatro en el trasto. «Cuidado con las curvas, tío.» En el pueblo hace un frío de mucho cuidado. En el teatro veo a cantidad de gente conocida y mucho rollo. Las locas van de nazis. Nos animamos y le damos al champán otra vez. Y abajo. Un calor humano considerable. Grupos descontrolados desfilan por el escenario. En el váter no hay luz. «Qué, ¿me conoces o no?» «Pues no.» Y nos miramos los unos a los otros de arriba abajo en busca de indicios, pero nada. Pues nada, que siga la juerga. La música cada vez me entra más en el cuerpo. Bailo sin parar, sin parar, sin parar. Ah, no me entero de nada y me entero de todo. Mi cuerpo hace lo que quiere y soy feliz.

A última hora sale un grupo improvisado y nos llenan de rockanroll puro y bueno, bueno, muy rico. Apoteosis. Reímos de placer. No sé cómo pero salimos a la intemperie. El coche tiene una capa de hielo en el cristal. En casa de mi buen amigo escuchamos buena música, medio adormecidos pero con los oídos bien atentos. El cielo se enrojece. Dulce cansancio y ojos deslumbrados por la bola roja que sale. Bicarbonato, agua fría en la cara y nos metemos tres en el catre. Hay poco sitio y mucho durmiente.

La resaca flota vagamente y jugamos una timba bebiendo cerveza y té con canela. De vuelta a la ciudad relámpagos azul tormenta nos ciegan por la carretera. Mañana será lunes y habrá que currar.

Lunes. Indulto denegado por el Senado. Vale. Han entrado en casa y se me han llevado el casete. Pero yo digo lo que dice el Grucaca ese. Las calles están frías y en los antros baila la chusma. Amén.

«Star», 34 (1978), pp. 4-5

11. 1966-1976: LA DÉCADA PRODIGIOSA DE LAS IZQUIERDAS
(De la Caputxinada a la Platajunta)

Era la hora de salida del instituto, mezclados entre los estudiantes, tres jóvenes transportaban peligrosamente una enorme y pesada bolsa. Depositaron el fardo en un R-8 azul y el coche arrancó, veloz. Cuatro esquinas más adelante, se paró en un rincón y uno de los jóvenes desprendió la matrícula falsa adherida con ventosas.

Tras esta «expropiación», el sector estudiantes del FLP-FOC pudo imprimir octavillas a toda pastilla con la Gestetner instalada en La Roca, en casa de los Riera.

Corrían tiempos de radicalización izquierdista. Carrillo había renegado de su «revolución antifeudal y antimonopolista» y apostaba, ahora, por la atracción de los «evolucionistas» del régimen franquista hacia una democracia burguesa. La nueva tesis carrillista provocó la escisión del PCE (internacional), fiel a las viejas ideas del «Después de Franco, ¿qué?». Atracos, la defenestración del busto de Franco del rectorado de la Universidad Central por los militantes del PCE (i) y los de los CHE-CHO (Comités de huelga estudiantil-Comités de huelga obrera). Se trataba de provocar y de desbordar a las nuevas autoridades académicas, sucesoras liberales del equipo fascista del rector García Valdecasas. El FOC apostaba por sacar el máximo partido posible de Albadalejo, el nuevo rector y los «Siete Magníficos», decanos de las facultades.

La defenestración del busto de Franco fue la excusa ideal para proclamar el estado de excepción en 1969: represión generalizada, militantes ocultos o exiliados... El «Acto contra la represión», celebrado en la Facultad de Derecho, llevó a los calabozos del juzgado a los intelectuales presentes, como Jordi Maragall Noble.

En el FLP-FOC las cosas se movían: «Cara de palo», el «Calvito», el «Pelos» preparaban la escisión trotskista, el sector obrerista fundó el FOC Proletario que envió a estudiantes e intelectuales a trabajar como obreros en fábricas industriales. La antigua dirección, que iba predicando que la única revolución pendiente era la revolución socialista, ya que en España se había alcanzado la fase de capitalismo monopolista de Estado, y que la lucha por las libertades democráticas carecía de sentido, ya que solo se llegaría a ellas con el socialismo, quedó apartada o proletarizada. Años más tarde, ese núcleo formaría Convergència Socialista, con el propósito de atraer a las capas medias hacia la izquierda, una vez liquidado el régimen franquista.

Tras el Mayo del 68 parisino, los comités de acción se multiplican y el *Libro rojo* de Mao pasa a ser lectura obligada para muchos. Las escisiones del PCE –el PCE (ml), el PCE (i), Bandera Roja–, adoptan líneas estratégicas maoístas.

Bolsas de pintura roja sobre las cabezas de los cátedros fascistas, enfrentamientos con la policía, incluidos cócteles Molotov desde Arquitectura y Económicas...

Solo habían pasado cuatro años desde la Caputxinada: el 11 de marzo del 66, el convento había acogido a todos los delegados sindicales electos (ilegales, pero tolerados) y a cátedros ilustres, personajes del mundo de la cultura, etc., para proceder a la fundación del Sindicato Democrático de Estudiantes de Barcelona (SDEUB). Entre los representantes preuniversitarios figuraba Oriol Solé Sugranyes, futuro miembro del MIL (Movimiento Ibérico de Liberación, al que perteneció Salvador Puig Antich), que pereció a manos de la Guardia Civil en la fase final de la fuga de la cárcel de Segovia.

Del Grupo Comunismo, escisión trotskista del FOC, surgieron la Liga Comunista Revolucionaria y el PORE (Partido Obrero Revolucionario Español): la estancia de Ernest Mandel en Barcelona fue decisiva para que el sector izquierdista del Grupo Comunismo aceptase la lucha por las libertades democráticas y nacionales, así como la militancia en Comisiones Obreras, olvidándose de sus «Sindicatos obreros rojos». Paradójicamente, el sector calificado de derechista y liderado por Arturito y el Pelos, se lanzó a una política radical a través del PORE. Años más tarde, muerto Franco, Arturito conectó con su antiguo compañero, el Pelos, que había renunciado a la política partidaria y promovía grupos autónomos de agitación cultural, y le anunció la inminente instauración de los sóviets obreros, originados en la SEAT, pidiéndole que participase como redactor de la revista revolucionaria del nuevo régimen.

Mientras tanto, el Ripo impulsaba las plataformas que más tarde formarían la OICE (Organización de Izquierda Comunista de España), en la que militarían obreros del Vallès e intelectuales como Pep Subirós, Àngels Pascual, Joaquim Jordà, Carmen Artal...

Paralelamente, llega el hippismo antibelicista de los USA: la marihuana y el LSD como medios para alcanzar una «personalidad elevada», el pensamiento ecologista, la vida en el campo, la filosofía de C. G. Jung y los orientalismos, la música como medio de transmisión y «comunión» de los nuevos ideales, el cabello largo, la vestimenta despreocupada y alegre... En Barcelona, el hippismo se alimenta de un sector de la «gauche divine», como Carlos Durán y compañía, y de los muchos exizquierdistas. Muchos militantes de las CES y de los CHE-CHO se pasaban al hippismo de la noche a la mañana, tras fumar su primer porro (llamado entonces *joint*). Viajes a Oriente, estancias en Formentera... En el primer concierto hippie de Barcelona, la policía apalizó al público: era un enemigo difícilmente etiquetable, pero enemigo a fin de cuentas, de las normas sociales establecidas.

En 1970, la lucha por la liberación de los etarras y sindicalistas encarcelados en Burgos consigue aglutinar a militantes de todos los partidos en manifestaciones numerosas y combativas.

En la flamante recién inaugurada Universidad Autónoma, en Bellaterra, el PSUC divaga, desconcertado, ante la normalidad y apatía estudiantil: con un profesorado progresista no ha lugar el enfrentamiento académico. Surge un movimiento marginal que impacta a la población estudiantil con sus happenings: la imprevista explosión de pintura mural, la música en los pasillos, el sonido de los petardos, las palomas al viento, vino, espráis y pinceles para todos, la coronación del «papa» Ataúlfo I y su papisa, y su posterior destitución por las masas, revolcándose en el césped del campus. El mural de la pared grande del hall de Económicas se conservó intacto durante muchos años. Los militantes del PSUC, de Bandera Roja y de la LCR se disputaban el liderazgo en las aburridas asambleas. Ante el anuncio de un concierto de Pau Riba en la «pecera» (recinto reservado para actuaciones musicales y actos culturales controlado por el PSUC), un militante de este último partido amenazó físicamente a uno de los «marginales» llamándole provocador de la reacción. Sin embargo, el grupo marginalista creció y extendió sus pintadas murales a paredes de guarderías, solares reivindicados por las asociaciones de vecinos, etc. Finalmente, este colectivo que carecía de nombre fue denominado así: el «Grupo sin nombre», que más tarde impulsaría cooperativas de trabajo y comunas urbanas.

Se olfateaba la muerte de Franco y los partidos tomaban posiciones para su salida a la superficie. Los exdirigentes intelectuales del FOC impulsaron Convergència Socialista, la corriente maoísta se estructuraría en torno a la ORT (Organización Revolucionaria de Trabajadores) y el PTE (Partido del Trabajo de España). Jordi Pujol, obsesionado por el «peligro rojo», consciente de la fuerte implantación del PSUC en las instituciones públicas, ponía en marcha el proyecto que formaría Convergència Democràtica de Catalunya.

Pero antes de morir, Franco sentenció a muerte a dos etarras y a Salvador Puig Antich. La izquierda apenas se movilizó. En la Universidad Autónoma, los marginales proyectaron un acto de protesta por la ejecución de Puig Antich. El PSUC boicoteó el acto y tildó a sus organizadores de provocadores: la policía, que nunca había entrado en el recinto universitario, no iba a tolerar un acto como ese. Pese a todo, los organizadores colocaron una mesa y un simulacro de garrote vil en el hall del primer piso de Económicas y, provistos de gasolina, iniciaron el mitin. Efectivamente, la policía antidisturbios no tardó en llegar. La gasolina impregnaba la silla y la mesa y una gran llamarada se alzó entre los grises y los estudiantes, que huyeron pasillo arriba, hacia Letras y la salida superior de la Facultad.

Lo mismo sucedería con la cuestión del Sáhara: el PSUC se inhibió y los marginales volvieron al ataque con grandes pintadas y diversos actos de apoyo al Frente Polisario.

Tras largos días pegados a la radio y la tele con el champán preparado, el Caudillo, generalísimo Francisco Franco Bahamonde, murió rodeado de máquinas que le mantenían vivo dentro de la muerte. Arias Navarro lloró ante las cámaras, Fraga dijo que la calle era suya y la gente se preparaba para luchar por la democracia. El 1 y el 8 de febrero de 1976 serán recordados por los más de ochenta mil participantes en las manifestaciones múltiples que, partiendo de los barrios periféricos, se concentraban en el Paseo de Gracia. La policía parecía prácticamente desbordada en la calle. «*Llibertat, Amnistia, Estatut d'Autonomia!*», los tres objetivos establecidos por la Assemblea de Catalunya, que coordinaba a la práctica totalidad de partidos ilegales, fueron coreados y repetidos una y otra vez en las calles de Barcelona. Los izquierdistas dieron la cara en los enfrentamientos con la policía. Los hippies y los freaks salieron de sus guaridas y se unieron a las feministas, a los trostkos, al Moviment Comunista y a los maoístas. Mientras tanto, la Plataforma Democrática y la Junta se fusionaban en la llamada Platajunta y pactaban la reforma, renunciando a la ruptura a cambio de garantías democráticas. El 1 de mayo de 1976, los partidos mayoritarios aconsejaron prudencia a sus militantes. Izquierdistas y hippies se manifestaron en solitario frente a una policía agresiva y contundente. Se empezaban a diluir los idealismos de la ruptura revolucionaria.

El Rey se sacó de la manga a Adolfo Suárez, el PCE fue legalizado y se convocaron las primeras elecciones democráticas en 1977.

A MODO DE EPÍLOGO: PAU MALVIDO VISTO POR SU HERMANO PERE MARAGALL MIRA (2004)

El día del entierro de mi hermano, 22 de mayo de 1994, se repartía un recordatorio donde nuestro padre, Jordi Maragall Noble, había escrito un texto que empezaba con estas palabras: «*Ha mort a Barcelona, als 46 anys, cercant la veritat...*». Y se añadían unos versos del poema que nuestro abuelo Joan Maragall escribió con motivo de la muerte prematura de su amigo Josep Solé i Miquel. Tanto las palabras de mi padre como el poema de mi abuelo no eran en absoluto, en esta ocasión, fórmulas convencionales para salir del paso.

También su amigo Pau Riba hablaba de la trágica muerte de un «espada», el símbolo de la inteligencia que acompaña muchas veces las representaciones del apóstol de Tarso Saulo-Pablo. Otro Pau –es curiosa la coincidencia–, Pau Pons, escribió el artículo necrológico en nombre de sus antiguos compañeros del FOC (Front Obrer de Catalunya) y de la LCR (Liga Comunista Revolucionaria), donde había militado Pau Maragall al empezar sus años universitarios. En este artículo también se destacaba su lucidez, su capacidad teórica, su activismo imaginativo y se mencionaba el retorno a un teoricismo revolucionario de un texto último, en el cual intentaba la síntesis entre la revolución social y la individual o personal.

Pero todo esto constituye el final de una historia que empezaba en el año 1948 en Barcelona, en el seno de una familia de clase media acomodada del barrio de Sant Gervasi. El 30 de julio de ese año nacía Pau, séptimo hijo de Jordi Maragall Noble y Basi Mira Azorín. Por aquel entonces la familia veraneaba en Sant Cugat. Nuestro padre no había alcanzado todavía la estabilidad laboral y económica que conseguiría en 1951 al ingresar como gerente de unos laboratorios farmacéuticos. Atrás quedarían su dedicación a la docencia de la filosofía, truncada por el desenlace de la Guerra Civil, y diversos trabajos para ir tirando. De hecho se iniciaba ya la etapa de relativa prosperidad desde los años difíciles de la inmediata posguerra.

Pau asistió al parvulario de una escuela de monjas donde también asistían nuestras hermanas, pero pronto fue enviado, como yo, a la escuela Sant Gregori, de reciente creación. La dirigía Jordi Galí, hijo del que fue famoso pedagogo antes de la Guerra Civil y fundador de la agrupación escolar Blanquerna Alexandre Galí. El colegio Sant Gregori intentaba recoger la línea catalanista y católica avanzada de aquella tradición pedagógica, pero estaba limitado por la legislación franquista y por algunos rasgos autoritarios de la dirección del centro. Pau no fue casi nunca víctima de aquel régimen disciplinario que logró esquivar y se ganó un merecido prestigio de alumno brillante. De hecho, él pertenecía a las primeras generaciones de alumnos que nosotros veíamos como «los mayores», que marcaban indiscutiblemente los límites y posibilidades de transgresión. Recuerdo a sus profesores, que también fueron los nuestros: Francesc Ayesta, Adolf Almató, Carme Ballester y su hermano Antoni, el oceanógrafo, y también el filólogo Eustaqui Barjau y el profesor de Latín, el señor Navarro, entre otros... Pau fue también, ya en los cursos superiores, alumno predilecto entre los predilectos del profesor de literatura francesa y latín, Francesc Garriga, poeta, exmonje franciscano, que llegó a ser coordinador del bachillerato superior del colegio durante bastantes años. A Jordi Galí, el director, que mantenía un régimen autoritario que indirectamente afectó a mi hermano Pau, también lo recordamos impartiendo unas excepcionales clases de historia de Cataluña contemporánea, totalmente insólitas en aquella época.

Nos marcaba, pues, el ambiente de la escuela pero sobre todo el de casa: la época que se inicia el año 1955 con la inauguración del nuevo piso en la calle Brusi, junto a la Plaza Molina, en el edificio construido en el jardín de la antigua casa de la familia Maragall-Noble, donde vivió el poeta Joan Maragall los últimos diez años de su vida y donde continuaron viviendo luego su viuda, la abuela Clara, y sus trece hijos.

En ese piso amplio y con terraza, los hermanos pequeños (Cristina y Mónica, Pau y yo, por este orden) presenciamos el ajetreo de la vida de relación de nuestros padres y de nuestros hermanos mayores. Asistíamos, más o menos conscientes, a las conversaciones políticas, literarias, filosóficas que se establecían entre mis padres y los amigos de su generación, de Barcelona, o de Madrid, o entre estos y nuestros hermanos mayores (Jordi, Àngels, Pasqual, Ernest, por este orden) y sus amigos... Escuchábamos sus músicas, emprendíamos nuestras lecturas de adolescencia con aquellas referencias.

En casa, salvo los mayores, nos repartíamos por parejas próximas en edad: Pasqual y Ernest, Cristina y Mónica, Pau y yo. Tengo algunos recuerdos de mi convivencia con Pau en la misma habitación. Aparte de las peleas inevitables, se sucedían las largas veladas charlando y leyendo en la cama, o escuchando la radio: al final serían las emisoras de onda corta u onda larga, Radio Luxemburgo o la Pirenaica. Pau, con poco más de catorce años, había empapelado toda la superficie de la pared contigua a su cama con fotos de políticos de la época, formando una especie de collage. Fotos que recortaba de los diarios y de portadas de revistas como *Destino*, que se recibía en casa, entre otras. Las recuerdo ya algo amarillentas, así que debieron de permanecer bastante tiempo en aquella pared. (Estaban desde Kruschev hasta Mao, pasando por la mayoría de líderes políticos europeos.)

Pau me abrió muchas «puertas» a la experiencia no solo en la escuela, también en los largos veraneos de aquellos años, de los cuales los más decisivos fueron los de l'Escala y Sant Martí d'Empúries. Estas largas salidas del ámbito urbano relativamente tranquilo del barrio de Sant Gervasi, donde teníamos casa, escuela y amigos, se complementaban con las frecuentes excursiones organizadas por el colegio y que nos permitieron conocer no solo algunos puntos señalados de la geografía catalana, sino también, por ejemplo en el caso de Pau, de más lejos: las célebres excursiones o viajes, en verano, al Camino de Santiago, a los Ports de Beseit, a la Provenza francesa...

Antes de estas excursiones largas de los años finales del bachillerato, Pau ya había emprendido su particular revolución «plantando» al Agrupament, del movimiento Escolta de carácter confesional y catalanista, en aquella época bastante militarizado. Tengo el recuerdo impactante del ritual de la «promesa» que le tocó realizar a Pau en unos extensos bosques cerca de Vallirana: inmediatamente después del juramento debía emprender una larga carrera de supervivencia y orientación, esquivando la persecución de un grupo de mayores. Después de su experiencia, mis padres ya no forzaron mi entrada en el *escoltisme*. Es una buena muestra de cómo «la revolución» empezó con la generación de Pau, o quizá, casi simultáneamente, con la de Mónica, mayor que él, a mediados de los sesenta.

Pau me precedió y me marcó el camino, como es lógico, en el terreno de la militancia sindical y política: ya en los últimos años del bachillerato formó parte de las F.I.E.B., cuando había dejado el colegio Sant Gregori, y estudiaba en institutos de enseñanza media como el Milà i Fontanals, en la Ronda de Sant Pau, o el Menéndez Pelayo en la Via Augusta, cerca de casa, desde donde nos llegaban cada mañana las notas del himno nacional mientras los alumnos formaban en el patio antes de entrar en clase. En esa organización se integraban chicos de sexto y Preu, los últimos cursos del bachillerato, bajo la orientación del entonces mosén Ramon Canals, de Girona. Es la época en que Pau conoció a Oriol Solé Sugranyes y a otros compañeros que seguirían, como él, trayectorias difíciles y arriesgadas.

Pau ya había iniciado sus estudios universitarios (curso común, «selectivo», de ciencias) cuando en 1966 tuvo lugar la Caputxinada, la fundación clandestina del SDEUB, el Sindicato Democrático de Estudiantes, que fue descubierta por la policía y creó una situación delicada que trascendió las fronteras del país. Pau estuvo allí, y también mi hermana Mónica: ¡un porcentaje familiar nada despreciable! Aquellos eran años de agitación política intensa, y las manifestaciones y asambleas se sucedían en una dinámica de acción-represión que se agravaba por momentos. Un episodio de este período que afectó decisivamente a la trayectoria de Pau fue el expediente académico con la subsiguiente expulsión que se le instruyó a él y a otros muchos, por sus responsabilidades en el Sindicato Democrático.

Otro momento crítico fue cuando, en 1969, se produjo el «Asalto al Rectorado» (con la defenestración del busto de Franco), todo ello capitaneado por el PCE (i), el grupo izquierdista de tendencia maoísta que agrupaba a estudiantes y obreros escindidos del PSUC y del FOC. Esto ocurría en el edificio de la Plaza Universidad, mientras en la Facultad de Económicas, en Pedralbes, otra convocatoria llenaba un amplio local donde Jordi Solé Tura daba una conferencia. La noche anterior a esos hechos se producía la detención de nuestra hermana Mónica y otras compañeras de la Facultad de Medicina, y, afectadas por el estado de excepción decretado por la acción del Rectorado, fueron procesadas y encarceladas durante unos meses. Pau y yo escapamos de milagro del registro que se realizó en casa tras la detención de Mónica.

Era la época de las fuertes crisis ideológicas que dieron al traste con el proyecto frentista del FOC (FLP y ESBA). Eran momentos de una fuerte radicalización izquierdista repartida entre las diferentes tendencias maoístas y trotskistas..., los días en que descubríamos nuevas formas de agitación política, más imaginativas y no tan formulistas, en las octavillas de las UER, que venían a ser el sector universitario de la organización Bandera Roja, otra escisión del PSUC. Mi hermano Pau y otros compañeros del sector universitario del FOC, en su última época, incorporaron ese nuevo estilo en los textos de agitación y propaganda.

Todo ello coincidía con las secuelas del Mayo del 68 francés, y con las alternativas radicales que practicaron algunos estudiantes, como la famosa «proletarización» que pretendía a la vez acabar con los «vicios pequeñoburgueses» y colaborar en la concienciación de la clase obrera...

Pau y el grueso del sector universitario del FOC formaron parte del grupo Comunismo, embrión de la futura LCR, de tendencia trotskista mandelista (de Ernest Mandel).

Pero esta fue la última etapa de militancia política encuadrada y el inicio progresivo de la vida más alternativa de la llamada «contracultura» más o menos importada de Estados Unidos, que encontró el campo abonado en el desencanto producido entre la juventud europea tras el fracaso del Mayo del 68 francés. A pesar de todo, Pau no dejó nunca su actividad activista-teoricista, ahora proyectada hacia el ambiente marginal que reunía a jóvenes de sectores sociales muy alejados entre sí. Ese ambiente que tan bien reflejan los textos aquí reproducidos.

Pero en el verano de 1969 había estado en París y había conocido a hijos de exiliados comunistas que eran a su vez conocidos de los amigos madrileños de nuestros padres. De hecho, en esa época deja de vivir en la casa paterna de forma permanente, conoce a Ana Briongos, compañera de la Facultad de Ciencias, y se van a vivir a un piso de la calle Mascaró, en el barrio del Guinardó. Acabarán instalándose en un edificio de la calle Génova, de los arquitectos Tusquets y Clotet, y propiedad del padre de Ana. Es la época del descubrimiento del Jazz Colón, en la parte baja de las Ramblas, donde se reúnen marinos yanquis de los barcos de la US Navy atracados en el puerto de Barcelona, especialmente de raza negra, prostitutas y jóvenes marginales de clase alta y lumpen... Se escucha música soul y otras músicas recién importadas de Estados Unidos. El otro local emblemático de la zona es Les Enfants Terribles, y entre uno y otro se pasan las noches de fiesta inacabable, de grifa y cerveza o cubalibre.

Durante el verano siguiente –en el 70– Pau pasa por la experiencia relativamente generalizada de intentar librarse del servicio militar. Como a tantos otros, le había sido denegada la prórroga por el hecho de ser estudiante expedientado. Le tocó como destino infantería de marina en Cartagena, y allí pasó una temporada en el Hospital Militar hasta ser declarado «inútil total», como se decía entonces, o No Apto para cualquier servicio.

Es el tiempo de la radicalización contracultural: la influencia del movimiento hippie se deja sentir cada vez más a través de las músicas que llegan de Estados Unidos y que afectan a la indumentaria y la forma de vida. Es el momento inicial y álgido reflejado en los primeros festivales de música como el de Granollers o las sesiones del Salón Iris de Barcelona. El desconcierto y la ignorancia de las fuerzas represivas franquistas permiten cierto margen de libertad y ese momento «dulce» en que se mezclan el descubrimiento de la psicodelia y las formas de vida alternativas, la macrobiótica y los orientalismos diversos. Pau Maragall y Ana Briongos forman parte de la «vanguardia generacional» de este movimiento y se instalan una temporada en Formentera, en La Mola, en una casa cercana a la que ocupaban Pau Riba y Mercè Pastor. Verano de 1971. La «banda sonora» de la época es muy expresiva de ese momento eufórico, exultante, optimista: desde el disco *New Morning* de Bob Dylan hasta la música inclasificable de la Incredible String Band, pasando por las melodías californianas de Grateful Dead y Crosby, Stills, Nash &

Young, etc. La versión local de este momento musical queda reflejada en el disco que Pau Riba grabó en Formentera: *Jo, la Donya i el Gripau.*

Pero la «crisis» se iba gestando en todos los niveles, desde el económico y el político mundial y nacional –crisis del petróleo, derrota americana en Vietnam, coletazos represivos del tardofranquismo–, hasta el nivel más personal, donde se muestra el reverso de la revolución psicodélica: crisis psíquicas de mayor o menor envergadura, también las iniciaciones en las drogas duras, en las que acabaría cayendo Pau bastante más tarde, encuadramientos «sectarios» o, simplemente, integración vergonzante en el «sistema».

Los episodios sucesivos de la trayectoria de Pau Maragall son un reflejo del intento de mantener la lucidez y la coherencia en un estado de crisis permanente que ya enlazará con el momento de máxima ebullición del fin del franquismo y los años de la transición: buena muestra de esta lucidez son los textos que aquí se presentan y que permiten intuir el esfuerzo por ir atando los cabos de aquella «revolución personal» que se intentaba encajar con los cambios acelerados en el plano político y social.

Hasta aquí he ido desgranando algunos datos biográficos y de contexto que pueden ayudar a perfilar la figura de Pau Maragall: quedaría pendiente la aproximación a la imposible «biografía interior» que completaría la otra. He hablado de lucidez, pero cabría hablar de una inmensa ternura, de una capacidad de contagiar, combinándolos, el entusiasmo lúdico y el rigor del teórico y el activista. De su necesidad de compensar una actividad intelectual casi compulsiva y acelerada por los episodios de crisis, con el gusto por las actividades plásticas y constructivas en contacto con la materia.

Podemos también solo intuir someramente el grado

de sufrimiento de una vida cada vez más acosada desde dentro y desde fuera. La que fue su compañera durante largo tiempo, después de su separación de Ana Briongos, la socióloga y traductora Marga Latorre, podría explicar algo de ello.

Sea como sea, es bueno que se den a conocer figuras y trayectorias como las de mi hermano Pau, que ayudan a entender un poco nuestro pasado y nuestro presente: son, ellos mismos, como la personificación de esas lagunas de la memoria que todos, individual y colectivamente, intentamos recuperar. Esas zonas de luz y sombra que nos atraen y a la vez rehuimos instintivamente, que tarde o temprano hay que integrar en la Historia y en las historias de cada uno.

Barcelona, 30 de junio de 2004

Adenda a la presente edición

Cuando se cumplen más de veinte años de la primera edición de los artículos y textos de mi hermano Pau Maragall, pienso que es una distancia que debería permitir situar más justamente este testimonio vivo de los años 70 del siglo XX. Determinar con más precisión cuál es el legado de aquellas «movidas» y cuál es su vigencia real, el trasfondo válido, si se puede llamar así, de aquellos análisis, de los presupuestos ideológicos que los sustentaban, y de la utopía resultante.

No puedo negar que es con inquietud y reserva que me acerco a la relectura de los artículos de juventud de mi hermano. Por varios motivos, aparte de los estrictamente personales o familiares, entre los que no es uno menor el peligro de caer en las trampas de la nostalgia, que tienden a idealizar los perfiles de una realidad teñida de fuertes contrastes, de luces y sombras, de unas trayectorias de final trágico que no se puede ni se debe eludir.

Releo los textos y es como si los leyera por primera vez y me admira su lucidez, su perspicacia para describir aquel mundo más o menos marginal. Me admira el intento de mantener lucidez y coherencia en medio de una crisis (revolución) permanente, interior y exterior... que se sitúa en la época del cambio de rasante de los años setenta, después de más de dos décadas de crecimiento económico y bienestar (lo que en Francia denominaron «Les trente glorieuses»).

En España (en Barcelona) la realidad del franquismo, la represión y la lucha clandestina dan un tono específico a lo que se vino a denominar «contracultura» o «movimiento hippie», y que era la versión local de una gran conmoción que afectó a la juventud del mundo desarrollado, de Berkeley a París. Es en aquellos años cuando se produce un cambio profundo en las costumbres del mundo occidental. Este libro es un testimonio vivo de aquel momento de «suspensión» de las constricciones sociales, de la búsqueda de sentido en un mundo en el que las necesidades básicas estaban cubiertas.

Qué duda cabe de que gran parte de los «descubrimientos» ideológicos de aquellos años han llegado a formar parte de la sensibilidad actual, desde la ecología hasta el feminismo, las músicas alternativas, etc. Pero la crisis o las crisis no han dejado de zarandearnos: la realidad de este renovado capitalismo neoliberal o financiero ha llegado a extremos inconcebibles de deshumanización: podemos hablar ahora de una realidad que algunos llamaron «la infoxicación del tecnofascismo», acentuando el lado negativo del pretendido «progreso» tecnológico y de la comunicación.

La capacidad de asimilación y reconversión para el consumo, por parte del sistema neoliberal, de todas las ideas más vanguardistas esbozadas en aquellos años, las ha desprovisto de su capacidad transgresora y revolucionaria. Estamos en la época de la banalización del nihilismo y debemos preguntarnos cuál es el verdadero trasfondo de aquellos anhelos de los jóvenes de la generación de mi hermano Pau. Aquella trayectoria que inició su itinerario en las luchas sindicales y pasó por la militancia izquierdista, hasta llegar al desencanto y la contracultura hippie se me aparece ahora, desde la perspectiva actual, como un movimiento lleno de ingenuidades, inconsciencia y temeridad...

Pero los anhelos últimos de aquella generación permanecen vigentes al cabo de los años: más allá de todos los espejismos, de todos los caminos ilusorios, de todas las trampas nostálgicas.

En todo caso, el interés renovado por estos textos demuestra que existe un hilo conductor, que une subrepticiamente aquellas y estas generaciones. Cabe esperar que los jóvenes lectores de este libro sabrán desbrozar los caminos y reconocer la coherencia y la dignidad de la trayectoria de mi hermano Pau Maragall-Malvido, que murió en 1994, hace ahora treinta años, en Barcelona.

Barcelona, 10 de diciembre de 2024

EPÍLOGO EPÍGONO

Conocí a un Pau Maragall en la universidad, en una clase de Historia Económica; llegó unos minutos tarde y el profesor, en un lance de autoritarismo, le conminó a que saliera del aula. Con su porte anglosajón y sin replicar, dio un giro y se fue por donde había venido.

Al acabar el tostón, lo encontré en el bar y empezamos a hablar. Era mayor que yo, y me contó su experiencia en la isla de Formentera, la fragilización sufrida por aventurarse en territorios psicotrópicos y su voluntad de hacerse con un título universitario.

Él era quizá el único estudiante de la Autónoma que había leído algo de los situacionistas –corría el año 1971– y, con cuatro más de espíritu libertario, montamos un contracomité de curso que mereció el sambenito de «hippies sectarios» a la primera de turno.

Hospitalario y solidario como pocos, conocí su estilo en un momento crítico de mi vida política; así, cuando me metieron en la O.LL.A., en un gran montaje policial del año 1974 con televisión, periódicos y toda la pesca, Pau me dio la llave de su casa familiar en Vilanova y un libro de Henry Miller. Con serenidad me aconsejó esconderme hasta nuevo aviso.

Salidos ya de la larga agonía del franquismo, nos volvimos a encontrar todavía en la calle Génova, edificio de firma Tusquets, donde convivía con los «hippies de oro», que no tardaría en abandonar.

Conocedor del poder configurador de la utopía, optó por fundar una comuna, «La cooperativa La Miranda», base de una serie de iniciativas pensadas para propiciar el cambio social. La red TRI.CO.CO., el grupo de acción plástica GRUPSENSENOM, el colectivo de vídeo comunitario Vídeo-Nou fueron algunas de ellas.

A finales de la década empieza a desmembrarse el proyecto. Fuera por la crisis económica, fuera por la falta del franquismo, las defecciones aumentaban la angustia al mismo nivel que los lenitivos. Se había acabado la época del excedente económico que –según postulaba Marcuse– permitió la rebeldía de algunos sectores. A lo que se denominó análisis institucional se le cambió el nombre por entrismo y así sucesivamente.

Entré como profesor de la Universidad Autónoma en 1983. Pau se mantuvo como autónomo con su productora de vídeo INTERVISUAL. Nuestros contactos eran muy esporádicos, por no decir aleatorios.

Ya en los primeros noventa lo fui a buscar para encargarle unos textos para publicaciones artísticas y literarias. Había pasado la «intemerata». Sufrió un acoso mediático desmesurado. Aquello que más tarde se denominó «la Brunete mediática» empezó las prácticas de tiro con Pau. Era un flanco débil de la gran esperanza blanca del socialismo federalista. O tal vez lo machacaron tanto por ser un punto fuerte.

GENÍS CANO SOLER,
primavera de 2004

ÍNDICE

Prólogo: Ni caídos, ni malditos, ni ovillos enteros que se pierden en la nada, por Aïda Camprubí Hinojosa 7

NOSOTROS LOS MALDITOS

Nota del editor, por Jorge Herralde 21
1. Rock y futbolines en el 64 23
2. 1967: Izquierdistas y grifotas 33
3. 1970: Alucinados en masa 42
4. Represión, Formentera, flipada. 1972... 55
5. La borrachera moderna 66

OTROS TEXTOS

6. Comunas de carne y hueso 81
7. Malditos *remakes* 94
8. Pau Riba «El Maduro» 99
9. Víctor Jou, el hombre Zelestial 113
10. Ministro fatal. La ciudad sin carnaval 124
11. 1966-1976: La década prodigiosa de las izquierdas 131

A modo de epílogo: Pau Malvido visto por su hermano Pere Maragall Mira 137
Epílogo epígono, por Genís Cano Soler 149